KB117356

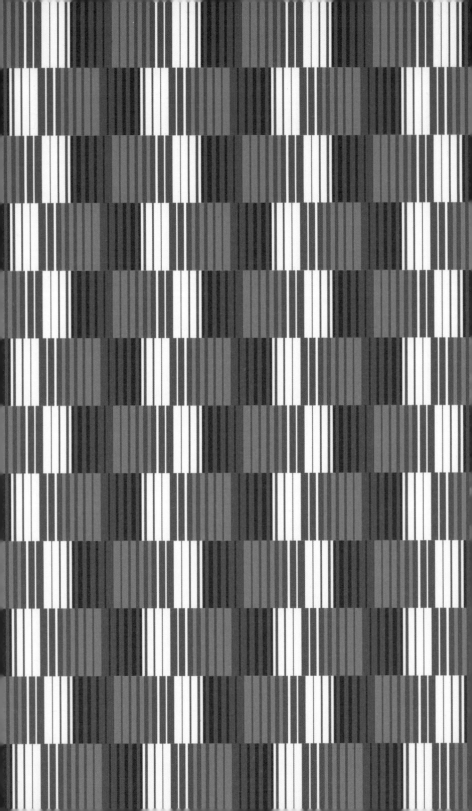

프릳츠에서 일합니다

프릳츠에서 일합니다

커피와 빵을 만드는 기술자로 한국에서 살아남기

김병기·이세라 지음

● ● 폴인이 만든 책

동기부여가 잘된 사람들의 모임

-김혜준 푸드 콘텐츠 컨설팅 김혜준컴퍼니 대표

프릳츠가 문을 연 후, 첫 워크숍 강연을 맡았습니다. 워크숍이 열리는 파주에 도착해 강연 준비를 하는데 '동기부여가 잘된 사람들의 모임'이라는 현수막이 눈에 띄었습니다. 여타의 다른 회사 워크숍과는 거리가 있는 문구지만, 에나 지금이나 '프릳츠커피컴퍼니'를 설명하는 데 이만한 표현은 없는 것 같습니다.

그날을 돌이켜보면 떠오르는 이미지가 하나 더 있습니다. 저는 디저트에 관한 강연을 맡았는데, 누가 제빵사이고 누가 바리스타인지 모르게 모두 강연에 몰입해 있었습니다. 강연이 끝난 후에도 줄을 서서 질문하고 따로 연락처를 묻는 사람들도 많았습니다. 이메일로 보다 상세한 조언을 구하는 사람들도 있었습니다.

그들은 회사 워크숍을 온 것이 아니라, 내가 좋아하는 강연을 듣기 위해 모인 사람들처럼 에너지와 총기로 가득했습니다. 그날의 일이 떠오를 때마다 무엇이 그들을 자발적으로 또 적극적으로 움직이게 하는 것일까 하는 궁금증이 들었습니다.

저는 프린츠가 만들어지기 훨씬 전부터 김병기 대표, 허민수 셰프와 함께 '커피빵청년연합'이라는 이름의 작은 모임을 만들어 운영하고 있었습니다. 거창한 목적은 없지만, 빵과 커피 그리고 그것을 좋아하는 사람들이 모이는 소소한 모임이었습니다. 요즘 프린츠에서 진행하는 '날 보러와요'의 전신쯤 되는 모임입니다.

모임은 큰 주제 하나를 두고, 매달 작은 주제를 정해 사람들과 함께 이야기를 나누는 토크쇼 형식이었습니다. 나이가 비슷한 또래들이었지만, 각자의 성격, 잘하는 것, 직업이 달라서 같은 주제라도 생각의 차이가 있었습니다. 그 차이를 수면 위로 끌어올려 놓고 많은 관객들과 호흡하며 우리도 성장했습니다. 사실 다루는 주제들이 모두 열린 결말이라, 아무리 토론해도 정답을 찾을 순 없었지만, 방향을 찾을 순 있었습니다. 때론 생각이 넓어져 새로운 길을 발견하기도 했습니다.

그리고 저는 이런 과정이 결국 프린츠커피컴퍼니라는 공동체를 꾸려나가는 철학과 방향성을 발견하는 일이었다고 생각합니다. 사람을 가치로 두고 함께 이야기를 나누며 새로운 길을 찾는 것, 가까이에서 본 프린츠가 커피와 빵 다음으로 잘하는 일입니다.

하는 일이 F&B 관련 컨설팅이다 보니, 주변에 커피를 업으로 삼는 지인이 꽤 많습니다. 각자 다양한 개성으로 커피를 풀어나가는 방법이 무척이나 흥미롭습니다. 그중 프릳츠는 생두를 농장에서 직접 구매하는 '다이렉트 바잉'을 선택했습니다. 때문에 프릳츠의 대표들은 일 년에 몇 번씩 비행기를 갈아타며 산지로 달려가곤 합니다. 프릳츠는 서울에 3개의 매장을 운영하는 작은 회사입니다. 그래서 굳이 고생하며 작은 규모의 농장들을 찾아 농장주들과 관계를 트고 거래를 시작하는 이유가 궁금했습니다. 다이렉트 바잉은 작은 회사엔 효율적인 방법이 아니기 때문입니다.

김병기 대표는 "우리도 요리사처럼 좋은 식자재가 기본이라고 생각해요. 그래서 철학을 가진 사람을 찾아야 하고요. 힘들지만 좋은 생두를 찾아내, 제값에 사 오고, 좋은 기술로 로스팅해 손님 앞에 한 잔의 커피로 추출해주는 모든 과정이 나의 일이죠"라고 설명합니다.

미각 훈련이 안 된 소비자들에게 커피 맛은 큰 차이가 없을 수도 있습니다. 프릳츠에게 중요한 건 남들이 알아주는 것보다 일하는 자신을 속이지 않는 일인 겁니다. 좋은 음식은 각자가 자신의 자리에서 최선을 다할 때, 그 결과들이 촘촘히 쌓이고 높아져 나온다고 생각합니다. 그래서, 그 일을 하는 사람의 태도가 무엇보다 중요하지요.

프릳츠가 추구하는 맛에는 사람의 가치가 담겨 있습니다. 예를 들어 프릳츠는 사람을 뽑을 때, 면접을 중국집에서 합니다. 함께 가진 못해도 애써 찾아와준 마음이 고마워 밥 한

끼 먹고 갔으면 좋겠다는 생각에서 시작했다고 합니다. 또 열악한 F&B 조직문화에 새로운 도전을 하고 있습니다. 육아휴직을 장려하고, 자취하는 직원에게 과일 도시락을 제공하고, 구성원의 개인 역량을 키우기 위해 교육 프로그램도 운영합니다.

자연과 산업에만 지속가능성이 화두가 되는 건 아닙니다. 새로운 변화가 시장의 판을 바꾸는 이때, 우리는 직업인으로 지속가능성을 이야기해야 합니다. 직업인으로의 지속가능성은 회사와 나의 관계성에 있다고 생각합니다. 회사는 이윤을 많이 창출하고 발전해 가면서 동시에 구성원인 사람도 성장시켜야 합니다.

프릳츠는 그것을 목표로 한 걸음씩 자신들의 길을 만들어가고 있습니다. 처음 문을 연 그 순간부터 지금까지 그들의 길대로 성장하는 모습을 옆에서 본 저는 프릳츠를 열렬히 응원합니다. 이들이 추구하는 삶의 방식과 철학이 많은 이들에게도 큰 울림이 되었으면 좋겠습니다. 같이 달리는 사람이 많아지면, 긴 호흡의 마라톤도 그리 힘들지 않을 테니까요.

작은 커피집에서
성공하는 경영을 배우다

―신원학 브랜드경험디자인 컨설팅 WHY & HOW 대표

경영은 '목표 설정 → 전략 수립 → 실행 → 결과 평가' 등 크게 네 가지 범주에서의 활동을 말합니다. 그래서 연초면 목표를 설정하고, 전략을 수립합니다. 연중에는 실행이 잘되고 있는지 확인하고 연말에는 결과를 평가합니다.

이 과정에서 첫 단추는 무엇보다 중요합니다. 시장의 변화를 읽고 목표를 잘 설정해야 하기 때문입니다. 아무리 애를 써도 시장의 거대한 변화를 거스를 순 없습니다. 좋은 전략과 실행은 우리를 아는 것에서부터 나옵니다. 회사의 자원 즉 구성원을 잘 알아야 전략을 짤 수 있고, 또 전략을 실행할 수 있을 만큼의 인재를 확보해야 하는 것이죠. 그래야 좋은 결과를 얻을 수 있고 경영에 성공할 수 있습니다.

그런데 과연 실제로도 그럴까요? 제 경험을 돌이켜보면 앞서 설명한 '목표 설정 → 전략 수립 → 실행 → 결과 평가'의 과정에서 제일 중요한 것은 '→'에 있었습니다. 바로 일을 진행하는 과정이자, 목표 설정, 전략 수립, 실행, 결과 평가라는 단어 앞에 수식어를 만들어 주는 일입니다. 다시 말해, '일맥상통한' 전략 수립, '탁월한' 실행, '흔들리지 않

는' 결과를 만드는 것입니다.

그렇다면, '→'은 어디에서 나올까요. 이것은 본질적인 고민에서 시작된다고 생각합니다. 저는 이런 맥락에서 《프린츠에서 일합니다》를 추천합니다. 이 책을 들고 있는 여러분은 아마도 프린츠를 좋아하거나, 프린츠와 같은 회사를 만들고 싶은 분이 아닐까 싶은데요. 그럼 제가 던지는 세 가지 질문을 잘 생각해보면 좋을 것 같습니다.

첫 번째 질문은 시장에서 경쟁자보다 우위에 있는 전략을 만들기 전에 우선시해야 할 것이 무엇일지에 대한 질문입니다. 가게를 여는 많은 사람들은 대박까지는 아니더라도 자기 일을 통해 안정적인 생활을 영위하고 싶은 마음이 있습니다. 프린츠의 공동 창업가 6명의 마음도 같았습니다. '어떻게 하면 대한민국에서 커피와 빵을 만드는 기술자들이, 그들의 일로 안정적으로 먹고살 수 있을까'라는 고민이었습니다. 다른 점이 있다면 창업가인 '우리'가 아니라, 프린츠를 다니는 구성원 '모두'가 주어라는 점입니다.

주어가 달라지면 주체가 달라집니다. 우리가 왜 이 일을 하며, 무엇으로 시장에서 존재할 것인가에 대한 고민이 목표로 설정된 것입니다. 그래서 프린츠 사람들은 집요하게 '기술자'라는 장인 정신을 내세웁니다. 바리스타와 제빵사라는 비교적 문턱이 낮은 일을 장인 정신으로 중무장하며 스스로 기술을 연마하고 공부하는 문화를 만든 것이죠. 이렇게 성장한 구성원들은 결국 프릳츠를 시장에서 더 돋보이게 합니다. 많은 기업이 그토록 부르짖는 시장에서의 차별화는 '본질과 구현 방식의 독립성'에서 비롯되기 때문입니다.

두 번째 질문은 '전략이 실행되는 방식에 대해 알고 있는 가'입니다. 탁월한 실행은 전략에서 비롯됩니다. 하지만, 아무리 전략이 우수해도 실행이 되지 않으면 소용이 없습니다. 실행은 나 혼자만의 문제가 아니라 함께 일하는 사람들의 문제입니다. 현장에서는 매장의 담당자가 직원들을 일일이 쫓아다니며 관리하기가 쉽지 않고, 실제로 그럴 수도 없습니다.

하물며 경쟁사가 우리를 모방한다면, 우리는 그것을 더욱 정교하게 하거나 새로운 방식으로 변화시킬 수 있어야 합니다. 따라서 탁월한 실행은 항상 '전술의 변화'를 동반할 수밖에 없습니다. 이를 위해서는 본질을 지키면서도, 유연함이 있는 조직문화가 있어야 합니다. 프릳츠는 다양한 방식으로 조직문화를 유연하게 실현하고 있습니다. 예를 들면, 팀장 역할을 조직원 모두가 빠르게 실행해보는 것이죠. 이를 통해 작은 역할을 담당한 사람일지라도 숲을 보는 안목을 키워주는 것입니다.

마지막 질문은 '무엇이 사업을 지속가능하게 하는지 알고 있는가'에 대한 질문입니다. 건명원의 원장이자 서강대 철학과 명예교수인 최진석 저자는 그의 책《탁월한 사유의 시선》(21세기북스, 2018)에서 "생에서 선물이나 행운 같은 단계가 있다"고 말합니다.

근거로 순자의 권학(勸學) 편에 나오는 '적토성산 풍우흥언(積土城山, 風雨興焉)'을 예로 듭니다. '흙을 쌓아서 산이 되면, 바람과 비는 저절로 생겨난다'는 뜻이죠. 카리스마를 갖고 싶다고 해서 카리스마가 생기는 것이 아니라 자신의 소명을 묵묵히 수행하다 보면 남들에게 있지 않은 자신만의 카리스마가 안에서 쌓여서 툭 하고 발현되는 것이라고 설명합니다.

프린츠의 지속가능한 힘은 여기에 있습니다. 묵묵히 소망하는 바를 자신들의 일로써 멋지게 만들어가다 보면, 자연스럽게 선물처럼 받는 것이 고객의 사랑이라는 것을 무엇보다 잘 알고 있으니깐요.

세 가지 질문의 답은 결국 모두 사람에게 있습니다. 구성원 모두가 성장하는 목표를 설정하고, 그 방법을 전략으로 수립하고 구성원이 자발적으로 실행한다면 결과와 평가는 말하지 않아도 성공일 겁니다. 아무쪼록, 이 책이 성공하는 경영 전략을 세우는 데 중요한 나침반이 되었으면 좋겠습니다.

주어가 '우리'인 회사

-황정옥 폴인 에디터

시작은 블루보틀이었습니다. 《블루보틀에 다녀왔습니다》라는 책을 읽다 문득 '한국의 커피하우스 중에 이만한 이야기를 가진 곳은 없을까?'라는 생각이 들었습니다. 그래서 오롯이 커피 한 잔에, 산 넘고 물 건너 먼 길을 찾아가도 '역시 잘 왔어'라는 생각이 드는 커피하우스 6곳을 추려봤습니다. 물론, 제 기준입니다.

가장 먼저 떠오른 곳은, 부암동 산자락에 자리를 잡은 클럽 에스프레소입니다. 저에겐 마음의 고향 같은 커피하우스죠. 산자락이 보이는 자리에 앉아 커피를 홀짝거리면 위로와 안식을 동시에 받는 기분이 듭니다. 커피 중독자를 위해 대용량 원두를 판매해 한 달에 한 번 정도는 꼭 찾아갔던 곳입니다.

홍대 리브레도 빼놓을 순 없습니다. 커피하우스들이 인테리어의 힙함으로 승부를 겨룰 때, 맛으로 진검 승부를 걸던, 스페셜티 커피의 지존이죠. 리브레를 생각하면 할리우드 스타 잭 블랙이 생각납니다. 들어갈 때는 무심한 듯 건네는 잭 블랙 특유의 말투가 생각나고, 나갈 때는 다시 돌아보게 하는 매력이 닮았습니다.

'일잘러'처럼 보이고 싶을 때 찾는 커피하우스도 있습니다. FOUR B입니다. 저는 주로 아침 시간에 광화문 지점을 이용하는데, 이 시간이 점심시간 못지않은 러시 타임입니다. 정장을 차려입은 회사원들이 한 손엔 베이글, 다른 한 손에는 커피를 들고 바쁘게 움직입니다. 종종 에스프레소를 마시며 신문을 읽는 외국인도 보이죠.

카페라테는 테일러커피가 최고 같습니다. 보드랍고 차가운 크림은 정말 일품입니다. 저는 주로 연남동 지점에 다니는데, 늘 주차 공간이 부족해 주차 딱지만 두 번 끊었습니다. 벌금 고지서를 보면서 '어, 이거 뭐야' 했다가, 위치를 보고 '그래도 맛있었으니 괜찮아'라고 말하던 제가 생각나네요.

빈 브라더스도 요즘 눈에 띄는 커피하우스입니다. 일부 지점은 이름이 달라서 여기가 빈 브라더스 매장이 맞나 했습니다. 제가 처음 찾아간 곳은 인천 서구 가좌동에 있는 빈 브라더스입니다. 버려진 공장 지대에 근사한 커피하우스가 있어 그것만으로도 호기심이 생겼습니다. 오가는 손님을 받기 어려운 곳에 문을 연 배짱은 맛에서 나오니까요.

혹, 저의 목록을 보면서, '에이, 거기보다는 여기지' '요즘은 여기가 뜨는데'라며 의견을 달고 싶은 생각이 드나요? 그렇습니다. 지금 한국의 커피 산업은 급속도로 성장하고 있습니다. 커피 소비량은 해마다 늘어서 7조에 가깝고, 골목

골목마다 맛은 물론, 개성까지 갖춘 커피하우스가 등장하고 있습니다. 부산의 작은 커피하우스에서 글로벌 챔피언이 나오기도 합니다. 우리가 우리의 커피 이야기에 자부심을 품고 주목해도 될 만한 시점이죠.

이렇게 많은 커피하우스 중에 프릳츠를 선택한 건, 지속가능한 힘은 결국 사람에게서 나오기 때문입니다. 한국의 커피 산업은 성장 중에 있지만, 그 일을 하는 사람들의 삶은 여전히 고되며, 낮은 사회적 평가를 받습니다. 국가가 정해놓은 근로기준법에도 못 미치는 불합리한 처우와 낮은 임금 등 여러 문제를 갖고 있습니다.

프릳츠는 이 문제를 '자기를 사랑하는 법'으로 풀어가고 있습니다. 프릳츠는 업계 어벤저스 6인방이 만든 회사로도 유명합니다. 바이어 김병기, 로스터 김도현, 바리스타 박근하·송성만, 커퍼 전경미, 제빵사 허민수가 공동대표죠.

그들의 이름 앞에 '실력자'라는 수식어가 붙는 동안, 그들이 만난 사회는 순탄치 않았을 겁니다. 다른 일을 찾을까 고민도 많았을 테죠. 일을 좋아해도 그만두고 싶은 순간은 하루에도 몇 번씩 찾아오니까요. 그래서 그들이 차린 회사의 주어는 '우리'입니다. 창업가와 구성원을 구분하지 않는 '우리, 기술자'라는 주어는 나와 구성원을 동일하게 만들고 같은 목표를 바라보며 성장하게 합니다.

이 책에는 6명의 공동 창업가의 철학인 '우리가 사랑하는 일을 오래오래 하면서도 잘 먹고 잘살 수 있는 기술자 공동체'가 어떻게 회사 시스템으로 구현되었는지 담겨 있습니다. 업(業)의 본질에 집중하는 법, 다름을 인정하는 커뮤니케이션, 고객과 함께 커피 문화를 만든다는 자부심 등이 이세라 작가의 따뜻한 시선으로 정리되어 있습니다.

책을 마무리하며 이세라 작가와 함께 프릳츠 구성원을 만났습니다. 인터뷰 내내 눈시울이 붉어졌습니다. 때론 그들이 일하는 마음이 아름다워서, 때론 나의 일하는 마음을 반성케 하는 문장들 때문이었습니다. 꼭 책의 말미에 담긴 프릳츠 구성원 인터뷰를 읽어보시길 바랍니다.

이 자리를 빌려, 이세라 작가에게 감사의 말과 함께 김병기 대표를 포함한 프릳츠 구성원들에게 그동안 당신들이 정성스레 내린 커피 한 잔에 많은 위로를 받았다는 말을 전하고 싶습니다.

커피 한 잔 하실래요?

당신은 주로 언제 커피를 드시나요? 많은 사람이 아침을 커피로 시작합니다. 회사원은 사무실에 도착하자마자 커피를 마시기도 하고, 아침에 눈을 반쯤 뜬 상태로 커피 물부터 올리는 사람도 있죠. 운 좋게 괜찮은 카페가 근처에 있는 사람은 아침마다 카페로 먼저 출근하기도 합니다. 카페에서 즐거운 '커피 타임'을 누리며, 전문가가 내려준 신선한 커피와 이른 아침의 카페에서 느껴지는 부지런함, 신선함, 여유로움, 쾌적함 같은 다양한 감정으로 아침을 시작합니다.

낮 12시도 커피와 잘 어울리는 시간입니다. 실제로 사람들이 커피를 가장 많이 마시는 시간대이기도 하고요. 농림축산식품부에서 발간한 '커피류 시장보고서'(2016년)에 따르면 점심 이후 커피를 마시는 사람이 전체 27.6%로 가장 많더군요. 두 번째로 많은 시간대는 출근 후나 오전 시간(20%)입니다.

오후의 커피도 빠지면 섭섭하죠. 일로 바쁜 평일 오후라면, 더더욱 커피가 절실합니다. 한창 업무에 집중하고 나면 카페인의 힘이 무척 필요하니까요.

주말 오후에는 친한 사람끼리 모일 때마다 "근처에 새로 생긴 카페를 가볼까?" "조금 걸어야 하지만, 요즘 ○○커피가 유명해"라고 말하는 것도 아주 일상적인 모습입니다. 최근 뜬다는 핫한 카페를 찾아가 SNS에 인증 사진을 올리는 것도 빼놓을 수 없죠.

물론 어떤 특정 시간이 아니어도 카페는 참 특별한 공간입니다. 커피나 차를 마시러 카페를 찾기도 하지만, 그것 말고도 카페라는 공간이 가진 힘이 있습니다. 바로 사람을 모이게 만드는 매력입니다.

카페의 조상 격인 '커피하우스(Coffee House)'도 마찬가지입니다. 세계 최초의 커피하우스는 오스만제국의 콘스탄티노플(이스탄불)에 생긴 카흐베하네(kahvehane, 커피하우스)로, 시기는 1554년 또는 1555년으로 알려졌습니다. 최초의 커피하우스가 1475년에 생겼다는 설도 있죠. 당시 커피는 이슬람권에서 종교적 이유로 금지된 와인 대신 마시는 음료였다고 합니다. 15세기 말~16세기에 이슬람권에서 유행한 커피가 당시 이슬람 대국인 오스만제국으로까지 퍼졌다고 전해집니다.

오늘날 주로 알려진, 그러니까 예술과 정치, 철학과 과학, 그리고 혁명의 중심지 역할을 했던 커피하우스는 1600년대 유럽이 배경입니다. 유럽에서도 1650년 영국에서 처음 생긴 커피하우스는 사회의 새로운 주도 계층으로 떠오른 부르주

아 상인과 지식인이 모이는 장소였습니다. 문학가, 정치인, 상인, 의사, 무역업자가 모이는 커피하우스가 따로 있었다고 할 정도죠.

그 안에서 얼마나 많은 이야기가 오갔을까요? 프랑스혁명 그리고 미국독립혁명 같은 세기의 혁명도 그 시작은 커피하우스였다고 하죠. 역사에 기록되지 않은 이야기도 상당하리라 짐작합니다. 그렇게 역사는 쌓여갔겠죠.

어쩌면 인간은 본능적으로 카페라는 공간, 또는 카페와 비슷한 기능을 제공하는 공간이 있어야 하는 것이 아닌가 싶습니다. 문화부터 각종 정치, 사회, 경제를 논하는 공동체의 거점이 되는 공간입니다. 바로 카페가 500년 상당의 역사를 지켜온 이유겠지요.

덕분에 카페가 참 많은 세상입니다. 커피를 좋아하고 카페를 사랑하는 사람에게는 선택의 여지가 넓어 더욱 좋은 세상이지요. 사람들이 가보고 싶어 하는 카페가 국내는 물론이고 해외에도 많습니다. 한 번 가보고 좋으면 또 가고 싶으니, 가고 싶은 카페는 매년 늘면 늘었지 줄지는 않을 듯하네요.

소비자로서는 더할 나위 없이 좋지만, 카페를 업으로 삼은 사람의 입장은 어떨까요? 〈한국경제〉에서 데이터를 수집하고 분석해 뉴스로 소개하는 '뉴스래빗'의 서울 커피 맵 기사 (2017년 기준)를 보면 서울의 카페는 1만 5184개라고 합니다. 전국의 카페 수는 9만 1818개 입니다.

"카페나 차려볼까…"라는 말을 입버릇처럼 중얼거리던 사람들을 신중하게 만드는 숫자입니다. 게다가 카페는 수익성과 생존율도 다른 업종에 비해 낮습니다. 소상공인시장진흥공단 매출통계에 따르면 영업 수명이 '2년 미만'인 업체가 41.1%, '5년 이상'인 업체는 29.8%에 불과합니다.

뉴스래빗의 통계를 봐도 프랜차이즈가 아닌 자영업 카페의 평균 영업 기간은 423일(1.1년)~1723일(4.27년)입니다. 또 프랜차이즈 카페라고 해서 다 살아남을 수 있는 것도 물론 아니고요.

2014년 문을 연 프릳츠는 그 어렵다는 5년을 넘어선 카페입니다. 정식 이름은 '프릳츠커피컴퍼니(Fritz Coffee Company)'입니다. 프릳츠에서 일하는 사람들의 설명에 따르면 프릳츠커피컴퍼니는 빵과 커피를 만드는 기술자들의 공동체라고 합니다. 회사 소개 내용도 굉장하지만, 프릳츠 매장 중 한 곳이라도 직접 가본 사람이라면 더 굉장한 사실에 놀라고 맙니다.

"여긴 아직도, 왜 이렇게 사람이 많아?"

프릳츠에 들어오다가 사람이 너무 많아 깜짝 놀라는 손님을 보는 것은 자주 있는 일입니다. 프릳츠가 계속 손님이 바글바글하고 인기가 많은 이유는 무엇일까요? 일단 '프릳츠의 맛'을 좋아하는 사람들이 많은 것이겠죠. 매장의 고유한 분위기가 마음에 들 수도 있고, 프릳츠 직원들이 친절해서일 수도 있습니다. 이유가 무엇이든 어떤 카페를 선호한 경험이 있는 사람이라면 납득할 만한 이유일 것입니다.

'다시 찾아가고 싶은 카페' 혹은 '맛있는 그 집 커피(또는 빵)'를 말할 때 우리는 맛 자체만을 가지고 논하지 않습니다. 무척 주관적인 이런 평가는 맛은 물론이고 그날의 날씨, 나의 기분, 매장 인테리어와 분위기, 그때 나온 음악, 그리고 서비스까지 포함하죠. 그리고 대체로 이 모든 요소는 공간에서 일하는 사람이 만들어내고 유지합니다.

즉, 사람의 힘입니다. 그렇다면 프릳츠가 5년째 성황리에 영업하는 이유를 '프릳츠 사람들'에서 찾을 수 있지 않을까요? 그들이 어떤 가치를 공유하는지, 일하는 방법은 어떤지 궁금해지는 대목입니다. 그 궁금증을 풀기 위해 프릳츠커피 컴퍼니의 김병기 대표와 커피 한 잔하며 인터뷰를 진행했습니다.

대화는 무척 흥미로웠습니다. 커피에 관심이 많다면, 맛있는 커피와 빵을 좋아한다면, 또는 카페에서 일하는 것이 로망이라거나 카페 창업을 생각한 적이 있다면 흥미로울 이야기가 쏟아졌습니다. 하지만 그보다 더 중요한 핵심, 즉 대화의 처음부터 끝까지 꾸준히 관통하는 주제는 '일하는 방법'이었습니다.

지금의 한국, 그리고 서울(동시에 다른 여러 지역에서)에서 살아가는 우리 자신의 이야기부터 시작해 직업을 대하는 태도, 직업과 삶의 연관성, 그리하여 삶의 가치관을 어디에 어떻게 둘 것인가에 관한 이야기입니다. 자본주의 사회에서 진지하게 삶을 대하고 있고 직업 정신이 있는 사람이라면 누구나 관심 있을, 아니 그 누구도 자유롭지 않을 그런 이야기이기도 합니다. 프릳츠의 이야기면서 동시에 우리 모두의 이야기를 시작합니다.

[Contents]

1장 · 커피와 빵으로 일하기

2장 · 건강한 기술자 공동체

3장 · 프릳츠답게

 **[1장]**

크게 보자면 커피는

쓴맛, 단맛, 신맛으로 구분할 수 있습니다.

프린츠 스타일은 '단맛'입니다. 설탕을 넣지 않으면

가장 존재감이 희미하다는 그 단맛입니다.

커피에서 단맛 찾기는 웬만한 고수가 아니면 어렵습니다.

인간은 태생적으로 쓴맛과 신맛을 더 빠르고 강하게 느끼는데,

쓴맛일 경우 독이 들어 있을 확률이 높고,

신맛은 음식이 상했을 경우가 많아서라고 하더군요.

숨은 단맛을 찾아가는 것.

그게 프린츠가 커피로 일하는 법입니다.

커피와 빵으로 일하기

'프릿츠' 하면
떠오르는 맛

브랜드 철학이 무엇인지 생각해본 적이 있나요? 브랜드
철학은 자신들의 세계관을 이야기하는 것입니다. 소비자들
은 이제 단순히 물건만 구매하는 것이 아닙니다. 브랜드 철
학이 담긴 제품과 서비스를 구매하며 스스로의 개성을 드러
냅니다. 여러 브랜드들이 그 존재 이유를 명확히 하며 자신
만의 브랜드 철학을 꾸준히 유지하려는 이유입니다.

프릿츠는 F&B의 기본인 맛을 중심으로 본인들의 세계관
을 들려줍니다. 맛을 유지하기 위해 매일같이 퀄리티 컨트
롤 작업을 하고, 한 잔의 커피에 담긴 이야기를 사람들에게

알리기 위해 노력하죠. 그렇기 때문에 항상 일관적이고 열정적입니다.

 커피의 맛

"조금만 짧게 뽑아볼까?"

"클린 컵은 지금이 나은 것 같은데 산미는 길게 뽑은 게 나은 것 같고. 광희는 어떤 게 나아?"

프릳츠 도화점. 오픈 키친 구석의 작은 의자에 프릳츠커피컴퍼니(이하 프릳츠)의 김병기 대표가 앉아 있습니다. 커피머신과 가까운 자리에 앉은 건, 바리스타와 함께 에스프레소 테이스팅을 하기 위해서입니다.

에스프레소 테이스팅은 그날의 커피가 맛있게 나가기 위한 셋업 작업입니다. 매일 반복하는 작업이죠. 같은 날에도 셋업은 몇 번씩 바뀝니다. 과일의 맛이 온도와 습도에 따라 아침과 점심, 저녁에 먹을 때마다 다르듯, 커피도 계속 맛이 바뀌기 때문이죠.

김병기 대표는 이산화탄소 등 흔히 가스라고 하는 여러 가지가 원두에서 분출돼 커피와 물이 만나는 형태가 계속 바뀐다고 설명합니다. 그러니까 셋업은 시시각각 맛이 달라지는 원두를 모두가 인식하고 있는 '프릳츠 커피 맛'으로 맞추

▲에스프레소 테이스팅을 하는 모습

는 작업입니다. 이른바 '퀄리티 컨트롤'입니다. 그날의 커피 셋업을 맡은 바리스타가 커피 종류에 따라 커피양과 추출양, 추출 시간, 물의 성분, TDS(Total Dissolved Solids, 고형물질이 물속에 녹아 있는 양으로 커피 한 잔의 농도), 실내의 온도와 습도 등을 기록하면 이 기준에 맞춰 다른 바리스타들이 커피를 뽑습니다. 맛있는 커피를 위해 맛이 아닌 숫자로 이야기하는 것이죠.

퀄리티 컨트롤은 프릳츠 모든 매장에서 각자 진행하고 기록합니다. 그렇게 4년이 넘는 기록이 쌓여 있으니 나름 빅데이터가 아닐 수 없습니다.

"이런 범위로 일하자고 약속하니까 이런 범위 안에 들어오는구나 하는 평균값도 나와요. 보고 있으면 재미있어요." 김병기 대표는 웃으며 말했습니다.

차트에는 숫자만이 아니라 '단맛은 부족하고 산미가 도드라진다' 같은 맛을 표현한 기록도 있습니다. 딱히 전문가가 아니어도 누구나 알 수 있는 맛의 표현이죠.

"복숭아 과즙에서 마치 햇살과 같은 산미가 터져 나오고… 만화 《신의 물방울》(학산문화사, 2005) 같은 표현을 쓰진 않아요(웃음). 누가 봐도 오해가 없는 단어를 쓰죠. 예를 들어 초콜릿이라고 말하면 누구나 초콜릿 맛을 떠올리잖아요. 간단하고 정제된 단어, 단순한 단어를 써야 함께 일하는 사람끼리 오해가 없거든요."

이렇게까지 맛을 꾸준하게 유지하려는 프린츠의 커피는 어떤 맛일까요? 크게 보자면 커피는 쓴맛, 단맛, 신맛으로 구분할 수 있습니다. 프린츠 스타일은 '단맛'입니다. 설탕을 넣지 않으면 가장 존재감이 희미하다는 그 단맛입니다. 커피에서 단맛 찾기는 웬만한 고수가 아니면 어렵습니다. 인간은 태생적으로 쓴맛과 신맛을 더 빠르고 강하게 느끼는데, 쓴맛일 경우 독이 들어 있을 확률이 높고, 신맛은 음식이 상했을 경우가 많아서[1]라고 하더군요.

숨은 단맛을 찾아가는 것. 그게 프린츠가 커피로 일하는 법입니다. 커피에는 고유의 당도가 있습니다. 프린츠는 그것을 최대한 끌어내는 생두를 고르고, 로스팅과 추출을 합니다. 물론 포도를 먹을 때나 초콜릿에서 맛볼 수 있는 단맛과는 당연히 차이가 있습니다.

새삼 생각해보면 커피는, 그러니까 커피 씨앗(생두)을 품은 커피체리는 과일입니다. 과일을 포함한 채소나 곡물 같은 신선한 농작물에는 천연의 단맛이 있습니다. 싱싱한 무나 당근을 한 입 베어먹고 '달다'라고 말하는 그런 단맛입니다. 실제로 잘 익은 커피 열매는 무척 달다고 하네요.

영국 스퀘어마일 커피 로스터스의 공동대표인 제임스 호프만은 그의 책《커피 아틀라스》(아이비라인, 2015)에서 '열매

....
1 리 골드먼,《진화의 배신》, 부키, 2019

에 들어 있는 당분은 커피 맛을 결정하는 중요한 요인'이라고 설명합니다. 대체로 열매의 당분은 많을수록 좋다는 것이죠.

퀄리티 컨트롤을 하던 이광희 바리스타가 단맛을 끌어올리려고 노력했듯이, 추출 방법에 따라서도 커피 맛은 달라집니다. 추출할 때의 커피는 분자구조의 특성상 신맛·단맛·쓴맛의 순으로 녹습니다. 즉 추출 시간이 짧으면 신맛이 강조되고, 반대로 추출이 길어지면 쓴맛이 도드라지죠.

로스팅도 맛에 영향을 미치는데요. 커피를 약하게 볶으면 신맛이 강하고, 강하게 볶으면 쓴맛이 강해집니다. 약하게 볶으면 커피가 가진 고유의 개성이 드러나고, 강하게 볶으면 로스팅 정도가 주는 특성이 드러나는 것이죠. 프릳츠는 원두 고유의 개성이 드러나는 걸 중요하게 생각해 약하게 볶는 편입니다.

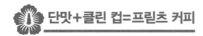

단맛+클린 컵=프릳츠 커피

우리는 흔히 '맛있다' '맛없다' 또는 '괜찮다' 혹은 '별로다'라고 맛을 표현하거나 평가합니다. 이런 표현이 아마추어의 평가라면, 전문가는 어떤 항목이 좋은지 맛을 구체적으로 평가합니다. 클린 컵(Clean Cup) 역시 전문가가 커피를 평가하는 여러 가지 요소 중 하나인데요. 커피를 마셨을 때 느껴지는 물리적인 깨끗함을 뜻합니다.

클린 컵을 보통 쓰는 말로 바꾸면 '깔끔한 맛' 정도로 표현할 수 있습니다. 땡감을 먹고 나면 입안이 떫고 텁텁하고 혀가 마른다고 표현하는데, 그게 클린 컵이 떨어지는 겁니다. 커피도 똑같습니다. 맛이 깨끗하고, 혀를 부드럽게 코팅해주고, 마치 물을 마셨을 때와 같이 깔끔한 커피가 있죠. 커피를 마신 후에 물을 마시고 싶은 생각이 들지 않는 깔끔한 커피, 그것이 바로 클린 컵이 좋은 커피입니다.

김병기 대표는 "클린 컵은 커피의 평가 항목 중에서 제가 제일 제일 제일 사랑하는 항목이에요"라며 3차례나 반복해 강조했습니다. 클린 컵이 좋으면, 커피에 숨겨진 다른 맛들이 잘 도드라져 풍미를 끌어올리기 때문이죠.

커피의 고유한 개성은 테루아르(Terroir)에서 오는 경우가 많습니다. 테루아르는 토양을 뜻하는 프랑스어입니다. 와인이나 커피, 올리브 등이 만들어지는 자연환경 또는 환경으로 인한 독특한 향미를 의미하죠. 즉 테루아르는 토양은 물론이고 토양을 이루는 기후와 고도, 습도, 햇빛, 그리고 농부의 습관 등을 포괄한 의미로 쓰입니다.

모든 농작물이 마찬가지지만, 커피 역시 수확하자마자 품질이 떨어지기 시작합니다. 이때 농부가 얼마나 빨리 좋은 커피체리를 골라내는지, 또는 얼마나 깨끗한 방식으로 가공하는지에 따라 클린 컵이 결정됩니다. 그러니까 클린 컵을 좌우하는 것은 사람의 힘인 셈이죠.

"자연의 힘만이 아니라 사람의 힘으로 만들어내는 클린 컵이 저는 참 아름답다고 생각해요. 저희도 결국 무언가를 해보자는 사람들이 모인 것이잖아요. 저희가 맛있는 커피, 맛있는 빵을 만들어보고자 노력하는 것도 농부가 만들어내는 클린 컵 같은 개념이거든요. 그래서 클린 컵이 잘 발현되면 기분이 정말 좋아요."

 철학이 좋은 사람을 찾는 이유

신선한 재료로 맛있는 커피를 만들어내는 과정은 여간 복잡한 일이 아닙니다. 맛있는 커피 한 잔을 결정하는 요소가 무척 광범위하다는 뜻이죠. 일단 커피 농장마다 개성이 다릅니다. 품종마다 맛도 다르죠. 잘 익은 커피체리를 손으로 일일이 골라서 딸지 기계로 수확할지도 영향을 미칩니다. 씻는 방법, 말리는 방법도 중요하죠.

또 로스팅(주로 온도와 시간)에는 저마다의 미학과 철학이 있다고 합니다. 추출은 커피 기술을 말할 때 빼놓을 수 없는 핵심이죠. 그뿐만 아니라 커피를 추출할 때 쓰는 물도 중요하다고 합니다. 하나부터 열까지 허투루 지나칠 단계가 없습니다. 하나의 그린 빈(green bean), 그러니까 하나의 재료가 후가공을 통해 바뀔 수 있는 갈래가 많은 셈이죠.

질 좋은 커피 한 잔을 위해 프릳츠가 기본적으로 하는 일은 '좋은 식자재 확보'입니다. 그래서 프릳츠는 커피 농장과 직거래를 합니다. 김병기 대표는 이것이야말로 '진짜 어렵고 훌륭한 기술'이라고 표현하는데요, 좋은 식자재란 좋은 철학을 가진 사람에게서 나오기 때문이라고 설명합니다.

"농장을 찾아가는 것은 누구나 할 수 있습니다. 인터넷 검색 몇 번이면 이름난 농장도 찾을 수 있죠. 그런데 이름난 농장은 아무나와 계약을 하지 않습니다. 이름난 농장의 농부는 자신이 애지중지 가꾼 커피에 대한 예술가적 자의식을 가지고 있기 때문이죠. 내가 가진 모든 역량을 쏟아 훌륭한 커피를 만든다는 자의식입니다."

좋은 원두를 발견해도 거래가 성사되기는 쉽지 않습니다. 유능한 바이어를 통해 소개받아도, 자의식이 강한 커피 농장일수록 바이어의 커피 대하는 태도를 검증하죠. 이와 관련해 김병기 대표는 자신의 경험을 직접 들려줬습니다.

그가 미국의 카운터 컬처 커피(Counter Culture Coffee)에서 일하는 지인의 소개로 한 커피 농장을 찾았을 때의 일입니다. 카운터 컬처 커피는 커피의 제3의 물결(Third Wave Coffee)을 이끌었다고 평가 받는 3곳 중 한 곳인데요. 스페셜티 커피(Specialty Coffee)의 선두주자라 불리죠.

"소개받은 농장에서 커핑(cupping, 커피 맛을 보는 테이스팅 툴)을 한 판 깔아주셨는데, 막상 해보니 제가 사고 싶은 퀄리티가 하나도 없는 거예요. 심지어 살짝 오래된 느낌이 나는 커피도 있고요. 그래서 조심스럽게 말씀드렸죠. 죄송하지만 여기서 제가 구매할 수 있는 커피가 없는 것 같다고요. 조금 더 높은 품질을 기대했다고 말씀드렸더니 그제야 다시 깔아주셨어요. 정확한 의중을 알 수는 없었지만, 아마 저를 테스트해보고 싶은 마음이 있었던 게 아닐까요? 적어도 맛을 제대로 볼 줄 아는지, 자신들의 커피 중에 어떤 게 더 높은 품질인지를 판단할 수 있는지는 중요한 차이니까요."

프린츠는 10곳 내외의 커피 농장과 30가지 종류의 커피를 직거래합니다. 나라로는 6~7개 정도이지요. 카운터 컬처 커피, 블루보틀, 스텀프타운 커피와도 거래한다는, 그 유명한 엘살바도르의 킬리만자로 농장과도 직거래합니다. 또 김병기 대표를 포함한 구성원들이 직접 운 좋게 찾아낸 농장도 있고, 현지에서 우연히 만난 한국인이 잘하는 곳이 있다고 소개해준 적도 있다고 합니다.

최고 품질의 커피를 확보하는 것 이외에도 커피 농장을 직접 발로 뛰어다니는 이유는 또 있습니다. 커피를 생산한 농부와 생두를 사가는 카페가 직접 거래하니 생산자는 더 높은 이윤을, 카페는 더 신선하고 맛있는 생두를 얻게 되는 것이죠. 그렇게 해서 신선하고 맛있는 커피가 한국의 손님에게 제공됩니다.

　"좋은 재료를 확보해서 손님에게 좋은 결과물을 주는 거죠. 만족한 손님이 카페를 자주 찾아주고, 그럼 저희는 그 비용으로 좋은 재료를 계속해서 구할 수 있고요. 이런 선순환 구조를 만들려고 하는 거예요."

 ## 마음을 움직이는 커피 맛의 비밀

　농장 고유의 개성을 살린 커피를 싱글 오리진 커피라고 한다면, 블렌드 커피는 여러 농장의 커피를 블렌딩(Blending)해서 어느 특정한 맛을 만들어내는 것을 말합니다. 프릳츠의 블렌드 커피는 3가지입니다. '올드독'과 '잘되어가시나' '서울시네마'입니다. '올드독'은 묵직한 바디와 풍미, '서울시네마'는 밝은 산미와 깨끗한 단맛, '잘되어가시나'는 깊고 달콤한 애프터 테이스트가 특징이죠. 작명은 김병기 대표와 프릳츠의 소문난 바리스타이자 프릳츠 창업 멤버 6인 중 한 명인 박근하 대표가 함께 만들었습니다. 작명 센스도 참 '프릳츠'답지 않나요?

　"강한 커피, 신맛의 커피… 이런 직관적인 이름으로 표현하고 싶진 않았어요. 그렇다고 특별한 연관성이 있는 것은 아니지만, 이름을 처음 들었을 때 어떤 특정한 느낌을 받으

커피界의 革命

어느 곳에서나 맛 좋은 커피를!

올드독
잘되어가시나
서울시네마

식품안전관리인증
HACCP

- 해썹 인증 (HACCP : 한국식품안전관리인증) 보유
- 최신식 생산시설로 제품 생산성 및 품질 향상
- 철저한 원료관리를 통한 신선한 맛 구현
- 커피품질관리를 통한 균일한 맛 보장

원두 FRITZ

▲프릳츠의 블렌드 커피

면 좋겠다는 마음은 있었어요. 이를테면 '서울시네마'는 도회적인 느낌이고 '올드독'은 좀 묵직한 느낌이죠. '잘되어 가시나'는 균형 잡힌(Well Balanced) 느낌을 받으면 좋겠다고 생각했고요. 이건 프린츠의 의도이고 받아들이는 사람은 해석이 따로 있겠죠."

김병기 대표의 말대로 맛에는 정답이 없으니까요. 그렇다면 결론은 자연스럽게 이렇게 흐릅니다.

'내 기호에 맞는 커피 맛은 무엇일까?'

답을 찾으려면 일단 많이 먹어보는 수밖에 없습니다. 여러 가지 맛을 비교해서 먹어봐야 신맛이 좋은지 싫은지, 단맛 중에도 초콜릿의 단맛이 좋은지 과일에서 오는 단맛이 좋은지 알 수 있겠죠.

이때 '많이 먹어본다'는 말은 '자주 즐긴다'는 뜻에 더 가깝습니다. 프로페셔널한 커피 테이스팅을 시작하라고 권하는 것이 아닙니다. 커피 지식을 줄줄 외우거나, 마시는 족족 향과 맛을 분석하라는 것이 아닙니다. 커피를 좋아하는 당신이 좋아하는 카페가 몇 군데 있어서 그곳에서 다양한 커피를 자주 즐겨 마실 수 있다면 그것으로 충분합니다.

게다가 맛은 다른 부수적인 요소에 의해 결정되기도 하죠. 예를 들어 가게에서 흘러나오는 음악과 조명과 인테리어, 그날의 날씨, 앞에 앉은 사람, 서빙하는 사람 그리고 마시는 사람의 기분까지 모든 것이 복합적으로 합쳐져 '맛있다' 혹은 '좋다'라고 표현합니다.

마침 김병기 대표도 이와 비슷한 이야기를 말해줬습니다.

"제가 어느 산지에서 우연히 발견한 트럭의 살짝 열린 커피포트에서 무척 아름다운 색의 커피체리를 발견했어요. 트럭 주인을 수소문해서 한 할아버지를 찾았는데 이분이 영어를 못하시는 거예요. 통역할 사람을 구해서 할아버지의 커피를 사고 싶다고 말하고, 즉석에서 구매 결정을 했어요. 그리고 산지에서 제가 원하는 방식으로 가공하고 직접 무역 처리를 해 한국으로 가져와서 로스팅했죠. 로스팅한 것 중에 잘된 것만 추려서 직접 포장하고, 매장에 가져와서 아침에 세팅까지 끝냈죠. 그때 마음은 '오늘 정말 최고로 자신 있다'였어요.

거의 매일같이 저희 가게에 오셔서 에스프레소를 드시는 손님이 있으세요. 그 손님께 자신만만하게 그 커피를 드렸어요. 별 설명 없이요. 그런데 커피를 드신 손님이 '오늘 커피가 좀 변했네요'라고 하더라고요. 제가 먹었을 때는 끝내줬거든요. 당시는 해외 심사도 열심히 다닐 때라 미각 훈련도 많이 돼 있던 상태고요."

김병기 대표는 그때 알았다고 합니다. 맛이 전부가 아니라는 것을요.

"비가 오는 날이었는데, 손님께 '비가 많이 와서 오시느라 힘드셨죠?'라고 말 한마디라도 건넸다면 그 손님이 커피를 더 맛있게 먹지 않았을까요? 그 한 잔의 커피가 어떻게 만들어졌는지 설명했더라면, 커피 맛이 더 좋게 느껴지지 않았을까요?"

이를테면 문학작품과도 같다고 김병기 대표는 설명합니다. 작가의 손을 떠난 작품의 해석은 읽는 사람의 몫인 거죠. 천 명의 독자가 있다면, 천 명의 해석이 있다고 하죠. 받아들이는 사람의 해석이 나와 다르다고 해서 '너 맛을 잘 모르는 구나'라고 말할 일도 아닙니다.

그런 태도야말로 맛의 다양성이란 것을 인정하지 않는 오만함으로 느껴질 수 있죠. 솜씨 좋은 바리스타가 내린 스페셜티 커피를 마시고 흡족해하는 날이 있다면, 인스턴트 커피의 훌륭한 배합에 고개를 끄덕이고 마는, 그런 맛의 다양성 말입니다.

비슷한 이야기를 한 사람이 또 있습니다. 다이보 카츠지(大坊勝次)입니다. 1975년 일본의 도쿄 미나미아오야마에 문을 연 뒤 많은 사랑을 받아온 킷사텐(喫茶店) '다이보커피점(大坊珈琲店)'의 마스터죠. '킷사(喫茶)'는 '차를 마신다'라는 뜻입니다. 킷사텐은 예의를 다해 커피(또는 차)를 만드는 전통 있는 커피집 정도로 해석할 수 있습니다.

일본 잡지 브루타스와의 인터뷰[2]에서 다이보 카츠지는

---

2 브루타스(BRUTUS)(NO. 779, 2014년 6월) '喫茶店好き(카페가 좋다)' 특집.

"커피를 만드는 사람이 100명 있으면 100가지 만드는 방법이 있다"고 말합니다. 그래서 마시는 사람이 100명이라면 100가지 마시는 방법이 있고, 당연히 가게도 100가지의 가게 방식이 있다는 겁니다. 다이보 카츠지는 이걸 '100가지 킷사의 즐거움'이라고 표현했습니다.

좋아하는 커피의 즐거움이 100개나 있다면, 그보다 더 행복한 일은 또 없을 것 같네요. 그런 의미에서 지금, 시간이 난다면 커피 한 잔 어떠신가요? 좋아하는 카페 또는 가고 싶었던 카페를 찾아, 늘 시키던 아메리카노 대신 새로운 커피에 한번 도전해보셔도 좋을 것 같습니다.

여전히 맛을 잘 모르겠다고요? 그럼 앞에 있는 바리스타에게 질문해보세요. 아마 많은 이야기를 들려주지 않을까요. 김병기 대표의 설명에 의하면 '맛있는 게 있으면 나눠주고 싶고 설명해주고 싶은 마음'이 요리하는 사람의 애티튜드라고 하니까 말이죠. 카페는 그러라고 있는 공간이고요.

비즈니스의 핵심, 브랜드 철학

철학이 있는 브랜드는 시장과 고객의 마음에서 높은 위치를 차지합니다. 브랜드 철학은 조직 내부의 문화뿐만 아니라 비즈니스 방식과 윤리, 직원과 파트너, 고객을 대하는 행동 등 전반적인 생활 방식을 공식화하는 원칙을 말합니다. 사소한 일에서 이런 원칙을 경험한 고객들은 '뭔가 다르다'는 인상을 갖습니다. 다시 말해, 브랜드 철학은 기업의 가치와 윤리, 신념 및 수행 방식 등을 포괄하는 비즈니스의 핵심이며 성공의 초석으로 정의할 수 있습니다.

1. 당신의 비즈니스 본질은 무엇입니까?

**2. 당신의 비즈니스에서 고유하고 유니크한
셀링 포인트는 무엇입니까?**

**3. 당신이 비즈니스에서 절대 포기하지 않고
지키고 싶은 것은 무엇입니까?**

**4. 위 3가지 질문에 대한 답에 대해
누가(개인·그룹·조직) 관심을 가지고 좋아합니까?**

일하는 사람이
만들어내는 특별한 맛

'인터널 브랜딩(Internal Branding)'이라는 용어를 들어본 적이 있나요? 인터널 브랜딩은 조직의 구성원이 실제로 가지고 있는 가치가 제품 혹은 서비스를 통해 고객에게 전달되는 모든 과정을 말합니다. 그래서 무엇보다 구성원 모두가 이해할 만한 비전을 제시하는 것이 중요합니다.

프린츠의 '한국적인 커피와 빵을 만드는 기술자들의 건강한 공동체'라는 비전은 이 공동체에 속한 사람에게 자부심을 가지게 합니다. 만약 프린츠의 비전이 '5년 내 국내 TOP 3 브랜드, 매출 1조 달성하는 회사'였다면 어떻게 되었을까요? 아마도 지금의 프릳츠와 같은 모습은 만들기 어려웠을 겁니다.

 ## '맛있다'는 말에 담긴 복합성

"빵을 맛있게 먹는 법을 알려주세요."

빵을 좋아하는 사람이 빵 만드는 분을 만나면 자주 하게 되는 질문입니다. 프릳츠에는 '빵 천재'라는 별명을 가진 허민수 셰프가 있는데, 허민수 셰프도 이런 질문을 많이 받는 모양입니다. 이 질문에 대한 허민수 셰프의 대답이 무척 재미있습니다.

"좋아하는 사람과 드세요."

맛을 기술적으로 설명하지 않는 허민수 셰프의 대답에 김병기 대표는 진심으로 감화했다고 합니다. 맛에 대한 근본적인 이해가 있다고 느꼈던 것이죠.

이 대답이야말로 빵은 자르는 순간 맛이 없어진다거나 빵을 데울 때 오븐의 온도는 몇 도라는 식의 실용적 방법을 기대했던 사람의 허를 찌르는 답이라는 생각이 듭니다. 그리고 김병기 대표, 허민수 셰프의 생각이 참으로 일관성 있게 닮았다는 점에서 절로 고개가 끄덕여졌습니다.

앞에서 이야기했듯이 '맛'을 판단하는 요소는 복합적입

니다. 먹는 사람의 컨디션, 그날의 날씨, 공간의 분위기, 함께 있는 사람 등이 맛에 영향을 미치는 부수적 요인이죠. 허민수 셰프의 맛 비법을 곰곰이 곱씹어보니, 다른 어떤 요소보다 '사람'의 영향이 제법 크지 않을까 싶습니다.

'맛있는 기억'은 고스란히 추억으로 새겨집니다. 그리고 추억을 떠올려보면 늘 좋아하는 사람이 함께 있습니다. 그런 일이 있었나 싶을 정도로 평소엔 까맣게 잊고 살다가도 비슷한 상황에 놓이거나 비슷한 음식을 맛보고 향을 맡는 순간, 뇌의 아주 까마득한 저곳에 있던 기억이 불쑥 튀어나오죠. 그래서 추억은 대부분 맛있습니다.

그런데 맛을 판단하는 요소는 복합적이라 '사람'이라고 해도 함께 먹는 사람만 영향을 주진 않을 겁니다. 빵과 커피를 만드는 사람, 서빙하는 사람도 그 범주에 들어가는 것이죠. 이런 전제로 본다면, 프릳츠의 빵과 커피는 일단 별점을 하나 먹고 들어갑니다. 프릳츠를 자주 찾는 손님이라면 아시겠지만, 바리스타들과 제빵사들이 꽤 발랄합니다. 종일 서서 일하고 매일 다양한 사람을 응대하는 일을 함에도 나름의 활기가 느껴지는 '사람들'입니다.

그들이 가진 활기는 손님의 어떤 요구에도 응해줄 것 같은 정돈된 친절과는 조금 다릅니다. 프릳츠 직원들은 그들끼리도 대화를 많이 하고 잘 어울리는 편인데, 손님에게도 비슷한 느낌으로 대합니다. 웃으며 인사하고 안면이 있는 손님에게는 먼저 말을 걸기도 하는, 그런 활기참과 친절이죠.

실제로 공동 창업자 6인 중 한 명인 허민수 셰프도 인사를 참 정중하게 합니다. 정중하고 반가움이 묻어나는 인사입니다. 그런 인사를 받으면 누구나 고개를 저절로 숙여 답인사하게 되죠. 한번은 김병기 대표가 농담 반으로 허민수 셰프에게 이런 말을 했다고 합니다. "빵도 그렇게 잘 만드는데, 손님께 인사도 잘한다"라고 말입니다.

허민수 셰프의 대답은 이랬다고 하네요.

"인사해서 내 빵이 더 맛있어진다면, 얼마든지 인사하겠습니다."

 디테일이 한국적인 빵

프린츠 매장에는 커피 찾는 손님만큼이나 빵을 사는 손님이 많습니다. 주목적이 빵 구매인 손님도 많아 보입니다. 매장에 들어오자마자 빵 집게를 잡는 분들은 특히 그렇죠. 이곳에서 빵 좀 사본 사람들은 빵 나오는 시간대를 잘 숙지했다가 시간에 맞춰 매장을 찾기도 합니다.

그런데 허민수 셰프는 프린츠가 빵집 같아 보이지 않으려고 노력했다고 말합니다. 프린츠는 빵과 커피가 함께 있는 공간이기 때문이죠. 그래서인지 빵집보다 파는 빵의 가짓수도 적은 편입니다.

"흔히 커피와 빵이 있으면, 커피를 잘하든 빵을 잘하든 둘 중 하나가 주인공이고 나머지 하나가 뒤를 따라오는 모양이죠. 저희는 두 가지가 조화로운 형태로 나아가길 바랐어요."

'빵과 커피의 조화'만큼이나 프린츠가 중요하게 생각하는 것은 '한국적인 빵과 커피'입니다. 한국적인 빵을 만들고 싶다는 생각은 아주 옛날부터 막연히 가져온 것이라고 합니다. 대략 10년 전 원도 베이커리가 조금씩 생겨나던 시절, 허민수 셰프가 '오븐과 주전자'라는 원도 베이커리를 운영했던 그때부터 가져온 생각입니다.

커피와 빵은 서양에서 들어온 음식입니다. 국내에 커피가 들어온 때는 1880년대로 추정합니다. 커피에 관한 국내 최초의 기록은 미국 천문학자 퍼시벌 로웰(Percival Lowell)이 쓴 책《고요한 아침의 나라, 조선》(1885년)이라고 알려져 있습니다. 책에서 그는 "1884년 1월 우리는 조선의 최신 유행품인 커피를 마셨다"라고 기록했습니다.

빵이 들어온 시기도 엇비슷합니다. 1882년 임오군란 이후 일본인이 한성에 거주하기 시작하며 '서양 떡'이라 불리는 빵이 들어왔다고 전해집니다. 또는 1885년 선교사들이 한국에서 빵을 구웠는데 이를 최초의 빵으로 본다는 의견도 있습니다.

어떤 새로운 문화든 처음 도입할 때는 그 문화가 발원된

곳의 고유한 독창성을 모방하기 위해 최선을 다하지만, 시간이 지나면 현지에 맞춰 재해석되고 새로운 가치를 더해 재생산되는 형태를 취하게 됩니다. 문화의 보편적 특성이죠.

허민수 셰프는 빵과 커피를 한국적으로 해석할 수 있는 때가 왔다고 판단했습니다. 그는 '한국 음식' 하면 대표적으로 떠올리는 정갈함이나 익숙함 같은 이미지를 빵의 구조나 외형에서 구현하려고 노력했습니다. 빵의 면이나 직선을 단정하게 표현하는 것이죠. 이른바 '디테일'입니다.

"예를 들면 패션에서 '한국적인 디테일'이라고 말하면 사람들 대부분이 납득하는 공감대가 있잖아요. 색깔이나 선 하나를 두고도 한국적이라고 말하는 공감대죠. 저는 음식에도 한국적 디테일이 있다고 믿어요. 저처럼 음식을 업으로 삼고 종일 그 생각만 하는 사람에게 존재하는 디테일이에요. 빵만이 아니라 프릳츠라는 브랜드 이미지도 그 연장선에 있어요. 빵과 커피 문화가 이미 우리 삶에 깊숙이 들어와 있으며 이것이 '우리가 먹고사는 일'이란 이야기를 할 수 있으면 좋겠다고 생각했죠. 그리고 그 일을 할 수 있도록 만든 회사가 프릳츠고요. 제가 바라보는 프릳츠의 커피와 빵은 그래요."

많은 빵집이 프랑스식 빵이나 일본식의 빵을 선보인다고 말합니다. 카페도 유럽식, 미국식 또는 일본식 카페라는 이국적인 콘셉트를 내세워 자신의 브랜드가 다르다는 걸 내세웁니다. 그리고 그 가운데 프릳츠는 "한국의 커피와 빵도 훌륭하다"고 말하며 '한국식으로 빵과 커피를 만드는 기술자들의 회사'를 내세우고 있습니다.

🌺 맛을 유지하는 시스템

커피처럼 빵을 만드는 작업도 '제빵 작업일지'에 기록합니다. '프릳츠 스타일'의 빵을 매일같이 재연하기 위해서입니다. 지속해서 같은 형태가 유지되는 것이 재연성입니다. 예쁘면 지속해서 예뻐야 '예쁜 스타일'이 되고, 귀여우면 지속해서 귀여워야 '귀여운 스타일'이라는 것이죠. 만약 어느 날은 귀엽고 어느 날은 예쁘면 그건 '스타일'이 아니라는 겁니다. 그렇기 때문에 프릳츠 스타일의 빵을 완성하려면 재연성을 기반으로 해야 한다는 것이 허민수 셰프의 설명입니다.

제빵 작업일지에는 우유 식빵, 바게트, 파이 같은 빵 품목에 따라 반죽 온도와 시간, 잘된 점과 아닌 점을 기록합니다. 제빵사들은 하루의 시작과 끝에 모여 제빵 작업일지를 보고 피드백을 주고받습니다. 안 좋았던 점과 좋았던 점에 관해 이야기 나눈 후 다음 날 수정할 점을 반영해서 다시 빵을 만들기 위해서죠. 오늘 만든 빵의 기록이 내일 만들 빵의 선생님이 되는 것입니다.

▲프린츠 제빵사들이 기록하는 제빵 작업일지

빵 맛을 구현할 때 허민수 셰프가 가장 중요하게 생각하는 부분은 '원료 맛이 나야 한다'는 점입니다. 버터를 쓰면 버터 맛이, 달걀을 쓰면 달걀 맛이 나는 겁니다. 소금이나 밀가루도 마찬가지죠.

"밀가루 맛이 밀가루 맛이지, 라고 생각할 수 있는데 사실 천차만별이에요. 쌀도 지역이나 도정 방법에 따라 맛이 다르잖아요. 쌀에 비해 밀가루는 지역적 개성이 줄어들지만 블렌딩을 하는 제조사에 따라 맛이 다르죠. 세상의 모든 재료가 개성도 맛도 다 달라요."

사과 하나에도 맛과 향이 범위로 존재하기 때문입니다. 맛과 향이 '포인트(point)'가 아니라 '레인지(range)'로 존재하는 것이죠.

"기술적으로 미숙하면 맛과 향을 포인트로 생각하곤 해요. 커피도 빵도 실제 맛은 범위로 존재하거든요. 그래서 그 범위를 여기서 저기까진 이렇게 표현하자고 약속하는 거죠. 또 커피 하는 사람, 빵을 하는 사람은 보편적으로 그 맛을 이렇게 표현한다고 구성원들에게 알려주고 공유하기 위함이죠."

원재료의 맛을 잘 내려면 결국 원재료의 품질이 중요합니다. 사람들은 재료의 품질이 좋은 빵을 보통 '건강빵'이라고 말하는데, 허민수 셰프는 '건강빵'이란 표현은 쓰지 않습니다. '좋은 재료와 좋은 공정, 그리고 건강한 사람이 만든다면 빵은 다 건강하다'라는 것이 그의 지론입니다.

"유럽에서 식사용으로 먹는 빵을 하스 브레드(hearth bread)라고 해요. 반죽틀에 넣지 않고 오븐의 하스(구움대)에 얹어 굽는 빵이란 뜻이죠. 틀에 넣지 않아 모양이 일정하지 않은 바게트, 캄파뉴, 치아바타 같은 빵을 하스 브레드라고 하는데, 일본어 외래어표기법으로 바꿔도 하스 브레드(ハースブレッド)죠. 일본을 통해 한국에 빵 문화가 들어오며 이 단어가 '헬스(ヘルス, 헤루스)'로 오역이 된 게 아닐까 추측해본 적이 있어요. 아니면 기존에 팔던 빵과 차별화하기 위해 만든 마케팅 용어일 수 있고요."

건강빵이란 단어가 주는 뉘앙스는 긍정적입니다. 문제는 건강빵 반대편에 있는 빵은 건강하지 않은 빵이 된다는 점이죠. 예를 들어 설탕과 버터가 들어가지 않은 빵이 건강하다고 정의한다면, 설탕과 버터가 들어간 모든 빵은 건강하지 않은 빵이 됩니다. 만드는 사람도, 먹는 사람도 죄책감에 시달릴 수 있죠.

허민수 셰프의 말을 들으며, 한 트레이너의 말이 떠올랐습니다. 그 트레이너는 '음식에는 죄가 없다'고 말했죠. 먹어야 할 양보다 많이 먹는 사람이 잘못이라는 거죠. 물론 건강하지 않은 식품은 분명 존재합니다. 쓰지 않아야 할 원료, 돈을 위해 극도로 희생한 노동력, 깨끗하지 않은 위생 상태로 만든 식품들이죠.

물론 커피와 빵의 정답이 '프릴츠 스타일'은 결코 아닙니다. '프린츠가 좋아하는 맛과 손님이 기본적으로 호감을 느끼는 맛의 적정선을 찾으려 한 것'이라는 게 김병기 대표의 설명이죠. 커피 맛의 심오함이 혀에서 느껴졌건 아니건, 빵에서 한국적 디테일을 이해했건 아니건, 내 입맛에 맞아 맛있게 먹으면 그걸로 충분한 일입니다. 아무리 건강하고 착한 음식이라 해도 맛이 없으면 우리는 잘 먹지 않으니까요.

콘셉트보다는 만드는 사람의 태도

프린츠의 바게트는 맛있습니다. 바삭하게 구운 바게트의 겉은 누룽지처럼 씹는 맛이 있고, 속은 막 지은 쌀밥처럼 달고 부드럽습니다. 바게트는 허민수 셰프가 젊었던 시절, 빵 중에서도 제일 무던히 애쓰고 노력했던 빵이라고 합니다.

"기술이란 수업이 반복해야 몸에 익어요. 그중에서도 바게트는 빵을 만드는 사람에게 상징적인 기술이에요. 만드는 감각을 익히는 데 1년 반~2년 정도 걸렸어요."

허민수 셰프가 잘 만들고 싶고 잘 팔고 싶은 빵을 굳이 꼽자면 '린도우'라고 합니다. 캄파뉴처럼 버터와 설탕이 적게 들어간 빵을 린도우(Lean Dough, 린 브레드라고도 함)라고 하고, 버터와 설탕이 충분히 들어간 빵을 인리치드 브레드(Enriched Bread), 크루아상처럼 결이 살아 있는 것을 라미네이트 도우(Laminate Dough)라고 분류합니다. 이처럼 각 빵의 분류와 정의에 잘 들어맞도록 최선을 다해 만드는 것이 제빵사 허민수의 스타일이자 취향이라고 합니다.

사실 허민수 셰프는 모든 빵을 다 좋아합니다. 그렇기 때문에 그중에도 가장 사랑하는 빵이 무엇인지, 또 프린츠 빵의 콘셉트는 무엇인지 물을 때마다 허민수 셰프는 어려운 질문이라며 난감해했습니다.

"제가 빵을 만들기 시작하면서부터 특별한 콘셉트를 정하거나 남과 다른 차별점을 위해 노력한 것은 아니라서요. 처음에는 공정이나 원료에 차별점이 있다고 생각한 적도 있지만, 지금은 아니에요. 차별점은 금세 누군가 따라 하고 나중에는 다 비슷해지거든요. 저는 사람들에게 제가 만든 빵이 대단하다고 말하지 않아요. 정성껏 만들지만, 그래서 누군가 네 빵이 독특하냐고 묻는다면 그런 건 또 없거든요(웃음). 그냥 제가 아는 방식으로 최선을 다하는 것이 전부예요."

빵 천재이면서도 빵의 콘셉트보다 그가 더 중요하게 여기는 것은 '태도'입니다. 직업으로 이 일을 택했고 그 일에 최선을 다하는 태도이죠.

"그 태도가 우리가 하는 일을 특별하게 만든다고, 저는 그렇게 믿고 있어요."

브랜드가 창조한 멋진 세상, 브랜드 비전

브랜드의 비전은 자신의 업(業)을 통해 세상에 기여하고자 하는 영향력이며, 사람들에게 보여주고 싶은 그 무엇입니다. 열정은 소망하는 것을 이루고 싶은 마음이자, 어떤 일을 대하는 태도이고요. 따라서 한 기업의 브랜드 비전은 그 열정의 결과가 담겨져 있어야 합니다. 비전을 공유한다는 것은 가슴 뛰는 일을 하는 열정의 공동체가 된다는 것을 의미합니다. 또 브랜드 비전은 어려움과 장애 요소를 이겨내는 힘과 용기의 원천이기도 합니다. 아래 질문은 그 열정을 찾는 질문입니다. 눈을 감고, 상상력을 발휘해 머릿속에 그린 것을 써보세요.

1. 일에서 시간이 가는 줄 모르고 즐겁게 하고 있는 것은 무엇입니까?

2. 그것을 통해 사회와 사람들에게 주고 싶은 긍정적인 영향력은 무엇입니까?

3. 긍정적인 영향력으로 인해 변화된 사회와 사람들은 어떤 모습입니까?

4. 그 사람들은 당신에게 무엇을 이야기하고 있습니까?

5. 당신은 어떤 모습입니까?

6. 당신의 가슴이 된다면, 당신의 브랜드가 창조해 낸 세상을 한 문장으로 써보세요.

[2장]

프린츠 역시 누군가에게는 '결과'입니다.

각 구성원의 에너지와 노고가 집결되어

몇 년에 걸쳐 이룬 결과이죠. 동시에 과정입니다.

프린츠라는 이름이 30년 혹은 50년 넘게 이어질 수 있도록

노력하는 과정입니다. 그 과정을 위해 허민수 셰프는

삶의 태도, 직업을 대하는 태도, 그리고 사람을 대하는 태도를

중요하게 여긴다고 강조합니다.

'빵과 커피를 만드는 기술자들이 자신의 기술로

생계를 해결해나가는 회사'를 만들기 위함입니다.

이를 위해 프린츠는 혼자 돋보이기보다 함께 일하는 법,

그리고 경쟁보다 공생을 강조합니다.

건강한 기술자 공동체

구성원 모두가
성장하는 방법을 찾아서

프린츠는 커피와 빵을 만드는 사람 6인이 모여 만든 회사입니다. 함께 일한 사람 중에서 비슷한 가치관을 공유하던 사람, 함께 일해보면 좋겠다고 생각한 사람이 모여 만들었죠.

무척 솔깃한 이야기입니다. 마음이 맞는 사람이 모여 일하는 것을 꿈꾸는 사람 또는 창업을 생각하는 사람의 관심을 끌 만한 '창업 스토리'의 소재이죠. 그런데 '프린츠 사람들'은 이런 반응을 그다지 반기지 않습니다.

"대단한 일을 하자고 모인 건 아니라서요."

허민수 셰프는 침착하게 말합니다.

"먹고살려고 시작했죠, 뭐(웃음)."

김병기 대표의 말입니다. 사회적 가치를 추구하는 사회적 기업이나 비영리 단체도 아니고 먹고살기 위한 경제활동인데, 자랑하거나 내세울 일이 아니라는 겁니다.

요리연구가이자 기업인인 백종원 씨도 TV 프로그램 인터뷰에서 비슷한 말을 한 적이 있습니다. 사업은 돈을 많이 벌고 싶어 시작했다고요. 하지만 주변의 칭찬과 더불어 쌓이는 책임감으로 변해갔다는 겁니다. 추측건대 자신이 하는 일에 대한 이해가 쌓이며 점차 일에 관한 철학을 형성한 것이겠죠.

대중에게 백종원이란 이름은 '결과'입니다. 더 쉽게 더 맛있게 먹을 수 있는 레시피를 개발하고 다양한 프랜차이즈를 운영하는 와중에, 요식업에 대한 존중을 이야기하고, 소비자의 눈높이를 끌어올리는 식문화를 만들고 싶다며 방송에서도 활약하는 전문가죠. 이런 결과가 단번에 이뤄진 것은 분명 아닙니다. 시행착오 끝에 스스로 좋아하는 분야를 찾아가고, 실패에도 다시 일어선 과정이 존재하죠.

오래오래 먹고살기 위한 '기술자 공동체'

프릳츠 역시 누군가에게는 '결과'입니다. 각 구성원의 에너지와 노고가 집결되어 몇 년에 걸쳐 이룬 결과이죠. 동시에 과정입니다. 프린츠라는 이름이 30년 혹은 50년 넘게 이어질 수 있도록 노력하는 과정입니다. 그 과정을 위해 허민수 셰프는 삶의 태도, 직업을 대하는 태도, 그리고 사람을 대하는 태도를 중요하게 여긴다고 강조합니다. '빵과 커피를 만드는 기술자들이 자신의 기술로 생계를 해결해나가는 회사'를 만들기 위함입니다. 이를 위해 프린츠는 혼자 돋보이기보다 함께 일하는 법, 그리고 경쟁보다 공생을 강조합니다.

직업에 대한 이 같은 '태도'를 누구에게 배운 적이 있는지 자문하게 되는 부분입니다. 사실 우리 대부분은 사회에서 만난 선배나 상사의 입을 통해 알음알음 전해진 일의 성질과 방법을 배웠을 뿐입니다. 운이 좋게 괜찮은 사수를 만난다면, 상사에게 복종하는 법, 회사에서 살아남는 법 대신 내 직업의 사회적 가치 또는 함께 일하는 사람을 존중하는 태도를 배울 수도 있죠. 그 반대라면, 그러니까 사수 때문에 퇴사하고 싶은 마음이 매일 커지고 있다면, 성취나 보람은커녕 일은 더욱더 고되고 인생의 낙은 희미할 뿐입니다.

어디서부터 잘못된 걸까요? 원인을 찾다 학창 시절까지 거슬러 올라가고 맙니다. 대한민국의 청소년은 스스로 어떤 사람인지 어떤 일을 좋아하는지 알아가는 시간이 절대적으로 부족합니다. 몇 세대에 걸쳐 쌓아온 지식을 후루룩 암기해 입시에 모두 쏟아붓는 일만 해도 너무 바쁘기 때문이죠.

운 좋게 하고 싶은 일을 찾아도, 그 일을 잘하기 위해서 어떤 노력을 해야 할지 어떤 진로를 택해야 하는지 아는 것이 없습니다. 결국 궁금증을 풀어줄 사람이 있는지는 순전히 개인에게 달려 있습니다.

그래서 프릳츠는 신입 사원을 뽑을 때 꼭 직원 교육을 합니다. 교육의 골자는 '프릳츠가 이렇게(맛있는 빵과 커피를 만들기 위해) 일하는 이유'를 설명하기 위해서죠. 카페에서 직원을 뽑는 데 이렇게 하는 이유는 간단합니다. 기술자가 자신의 기술로 먹고살기 위해서죠. 그 일이 가능하도록 이 회사에서 함께 만들어보자는 겁니다. 커피 이론이나 기술보다는 '직업론' 또는 '인성론'에 가까운 교육입니다.

교육의 목적은 프릳츠를 시작한 이유와도 같습니다. '빵과 커피를 만드는 기술자들이 자신의 기술로 생계를 해결해나가는 회사를 만들자'이죠. 김병기 대표는 이것이 창업 멤버 6인이 동의한 가치라고 설명합니다.

"60대 또는 70대 바리스타가 활동하는 현장을 많이 보지 못했어요. 물론 서서 일하는 직업의 어려움이 있어요. 하지만 제가 바리스타인데 나이 들었다는 이유만으로 어느 순간 그 직업을 포기하고 싶지 않았어요. 시간이 지나 더 숙련된 기술을 갖는 것 그리고 그게 중요한 가치가 된다는 것을 만들어보고 싶었어요. 삶은 소중하니까요. 저만이 아니라 기술자가 어느 연령에 도달해도 그 단계를 안정되게 살아갈 수 있는 그런 공동체예요."

공동체라는 말에서 느껴지듯 프릳츠의 일하는 법은 경쟁
과는 거리가 있습니다. 그보다 공생에 가깝죠. 경쟁에서 1등
을 성취해야 뿌듯한 사람이 있습니다. 반면 누군가는 함께
일하는 법에서 성취를 느낍니다. 여기에 옳고 그른 것은 없
습니다. 살아온 환경이 다르고 개인의 성향이 다르며, 또한
집단의 성격이 다를 뿐이죠. 허민수 셰프는 회사라는 조직
역시 인격체에 가깝다고 말합니다.

"한 사람을 알기 위해서는 시간이 필요하잖아요. 상대에
게 이해를 구하기 위해 나에 관해 설명하기도 하죠. 마찬가
지로 프릳츠 직원 교육에서는 회사를 설명해요. 회사가 어떤
생각을 가졌는지, 어떤 구조로 일하는지 설명합니다."

설명과 동시에 동의를 구하는 자리이기도 합니다. 프릳츠
커피컴퍼니라는 회사의 지향점과 일하는 방법에 동의하는
지를 묻는 것이죠. 김병기 대표는 '10번 버스'라는 표현을
씁니다.

"많고 많은 버스 중에 프릳츠는 10번 버스라고 할 수 있어
요. 10번 버스의 루트가 자기 삶의 루트와 일치하는지 물어
보는 거죠. 이곳이 더 나은 직장이라고 말하는 것이 아니에
요. 저희는 프릳츠가 정한 범위 안에서 일하는 사람들일 뿐
이고, 교육은 이 방법에 동의하는지를 여쭤보는 것이죠."

교육에서는 함께 일하는 방법도 설명합니다. 가장 명확한

방법은 언어의 통일입니다. 각자 다른 환경에서 살아오던 사람들은 각자 다른 표현을 쓰죠. 그래서 누구나 이해할 수 있는 숫자와 단어로 언어를 통일하고, 퀄리티 컨트롤 차트와 제빵 작업일지를 기록합니다.

그저 방법론만 이야기하는 것은 아닙니다. 김병기 대표는 한국에서 같이 일하는 법을 설명하려면, 먼저 한국의 토대를 이해해야 한다고 말합니다. 세상을 구성하는 근본을 '토대'라고 표현한다면, 현대 사회에서 넓은 의미의 토대는 국가로 구분된다는 전제에서 시작합니다. 아주 자유로울 순 없지만, 우리에게는 국적 선택의 자유가 있습니다. 그중에서도 한국에서 살기로 정했다면 한국의 토대를 이해해야 한다는 것이죠.

"한국이라는 사회 시스템 안에서 사회 구성원으로서 살아가는 법을 인지하는 것은 중요하다고 생각해요. 그래서 직원 교육 때 우리가 살아가는 사회 시스템부터 이야기해요. 우리는 민주주의 사회이자 자본주의 사회에 살고 있고, 우리 삶을 바꾸는 일은 크게 투표 아니면 직업이에요. 투표가 개인의 몫이라면, 남는 것은 직업 선택의 자유죠. 그중에서 커피를 내리고 빵을 만드는 직업을 선택했고, 이렇게 프릳츠에 모인 거죠."

좋아서 시작한 일이어도 그 일을 잘 해내기 위한 과정은 지난합니다. 노력이 결과로 이어지지 않아 속상할 때도 있죠. 끝이 없는 설거지(업무)와 종일 서서(혹은 앉아서) 일해 퉁퉁 부은 다리를 보며 직업의 특성을 원망할 때도 있습니다. 월급 빼고 모든 물가가 오른다는 뉴스를 보면 착잡해집니다. 솔직히 '다른 토대에서 일했다면 조금 더 나은 삶이었을까?' 같은 생각을 떠올릴 때도 있죠. 꼬리를 물고 이어지는 고민이 현실과 만난 결과는 다음 질문을 만들어냅니다.

"한국에서 (빵을 굽고 커피를 만들며) 앞으로 어떻게 살아갈 것인가."

아마도 김병기 대표 본인이 누구보다 치열하게 고민했던 문제가 아닐까 싶습니다. 또한 공동 창업자 6인의 고민이었을 것이며, 동시에 우리 모두의 고민이기도 합니다.

함께 일하고 싶은 사람 찾기

결국 프릳츠의 직원 교육은 커피와 빵 만드는 기술자들을 위한 토대를 만드는 과정입니다. 함께 갈 수 있는 사람을 모아서 핵심 가치를 공유하고 격려해 기술자들의 토대를 공고히 하는 과정이죠. 사실 교육 자체도 결국은 토대에 관한 이야기입니다. 누군가가 매장에서 열심히 일하고 있는 덕분에 누군가는 '교육'에 시간과 에너지와 비용을 쓸 수 있으니까요. 이미 주어진 토대는 받아들이고, 필요하지만 아직 마련

▲프릳츠의 '잘되어가시날' 현장 모습

되지 않은 토대는 스스로 만들어가는 것입니다.

프린츠는 직원 교육에 많은 에너지를 쏟습니다. 신입 사원 교육은 물론이고, 1년에 2번 정도 진행하는 내부 교육 시간인 '잘되어가시날'도 그중 하나입니다. '잘되어가시날'은 프린츠 구성원이 모두 한자리에 모여 서로의 안부를 묻고 지난날에 대한 점검과 앞으로의 일들을 준비하는 시간을 가지는 날이죠.

왜 이렇게까지 하는 것이냐고 누군가 묻는다면, 김병기 대표는 인생에서 먹고사는 것만큼 중요한 일은 없어서라고 대답할 것입니다. 또한 스스로 선택한 직업을 더 잘 해내고 싶기 때문이죠. 김병기 대표는 이렇게 말합니다.

"부딪치면 길이 나온다고 생각해요. 그래서 그 길을 함께 갈, 신뢰하는 사람이 있는 것은 정말 중요해요. 서로를 알아가는 일은 시간을 확보하지 않으면 해결할 수 없는 문제잖아요. 신뢰하는 사람이야말로 회사의 재산이죠."

프린츠가 말하는 신뢰의 기준은 '삶과 일의 태도'에 있습니다. 일이 자신의 삶에 큰 의미를 가진 사람, 최선을 다해 일하는 사람이죠. 김병기 대표는 조심스럽게 말합니다.

"저희가 옳다고 말하는 것은 전혀 아니에요. 오히려 저는 다양한 삶과 일의 방식을 존중해요. 다양한 일의 방식 중에서도 프린츠는 직업을 대하는 태도가 비슷한 사람과 일하고 싶은 거죠. 그래서 직원 교육은 프린츠와 비슷한 사람인지 계속 여쭤보는 것이고요."

　직업의 태도는 삶의 태도와도 이어져 있습니다. 허민수 셰프는 빵을 만드는 데 있어 가장 큰 변수는 기술자 본인이라고 말합니다. 충분히 휴식을 취하지 않으면 좋은 컨디션으로 일할 수 없다는 뜻입니다. 반면 휴식이랍시고 여가 생활을 무리하게 가지면 일에 영향을 주게 되죠. 허민수 셰프는 이렇게 말합니다.

　"일을 잘하려면 삶을 단정히 해야 합니다. 충분한 휴식과 여가 생활을 적절히 배분하는 기술을 익혀야 한다고 직원들에게 계속 설명해요. 아무리 재능이 뛰어나더라도, 개인 생활이 무너지면 직업 활동에 영향을 미치게 되거든요."

　문득 궁금해집니다. 철학적이며 인성론에 가까운 교육을 직원들이 잘 따라줄까요? 김병기 대표의 말로는 지금 알 수 있는 일은 아니고 시간이 지나며 조금씩 증명되는 것 같다고 합니다.

　"조직이 어떤 방향으로 갈지를 정하는 것은 화살을 쏘는 것과 비슷한데요. 제가 처음에 잘 쐈으면 나중에 과녁에 잘 도착하겠죠. 물론 막상 교육할 때 직원 반응은 그때그때 달라요. '어, 졸려 하는 거 같은데'라거나 '오늘은 느낌이 좋은데?' '적극적인데?' 이렇게요. 그런데 이것도 제 역량이에요. 아무리 좋은 걸 먹어보라고 권해도 상대가 싫다고 하면 소용없잖아요. 그러니까 직원이 스스로 느끼게끔, 저는 스피

커로서 발표 준비를 잘해야겠죠(웃음). 그게 진짜 어려워요! 저는 커피를 맛있게 하라면 자신 있어요. 그런데 누군가를 감화시킬 프레젠테이션은 처음부터 배워야 하는 영역인 거죠. 그래서 정말 열심히 공부했어요. 아침 일찍 교육 자료 만들고 아무도 없는데 혼자 연습하고요."

김병기 대표의 말마따나 화살이 과녁에 어떻게 꽂힐지는 알 수 없습니다. 하지만 일단, 화살은 제 방향으로 날아가고 있는 것 같습니다. SNS에 실린 프릳츠 구성원 인터뷰에서 그 방향을 발견했기 때문입니다. 프릳츠 구성원을 소개하는 '잘 되어가시나' 인터뷰 중에 배성준 바리스타가 한 말입니다.

"프릳츠는 공동체로서의 삶을 실험 중이다. 우리는 새로운 길을 가는 중이기 때문에 당연하게도 쉽지 않다. 그럼에도 우리가 가려는 길을 포기하지 않는다는 점에서 프릳츠의 정신을 존중하고 존경한다. 우리는 계속 시행착오를 반복하겠지만, 우리가 부디 지쳐서 포기하지 않기를 바란다. 우리의 모습이 프릳츠의 정신을 조금도 훼손하고 있지 않다고 믿는다."

브랜드 미션과 구성원의 헌신

당신은 회사에 얼마나 헌신하고 있나요? 브랜드 경험 디자인에서 구성원의 헌신은 브랜드 미션을 수행하는 데 결정적 요소입니다. 세상의 모든 일이 사람에게서 나오기 때문이죠. 하지만 조직의 구성원이라고 누구나 헌신하는 건 아닙니다. 먼저 비전에 대한 같은 생각을 갖고, 함께 결과를 만들어가고 싶은 사람들이 모여야 하죠.

프린츠는 공동체임을 강조합니다. 공동체의 일원이 되기 위해서는 프린츠가 중요시하는 직업을 대하는 태도와 구성원 모두가 함께 성장하기 위한 헌신에 대해 동의하는 것이 매우 중요합니다. 즉 '결'이 같은 사람들 모두의 헌신과 서로의 믿음이 지금의 프린츠를 만든 것이죠.

브랜드 미션은 브랜드의 철학과 비전을 실천하기 위한 방법으로, 이를 위해선 구성원 공동의 헌신이 필요합니다. 헌신은 개인과 회사의 미션이 어느 정도 일치했을 때 나옵니다. 그래서 무엇보다 스스로와 맞는 회사, 회사와 맞는 구성원을 찾는 것이 필요합니다. 아래 질문을 통해 나와 회사, 회사와 구성원 사이의 헌신에 관해 생각해보세요.

1. 무엇을 위한 헌신입니까?

2. 어떤 헌신이 필요합니까?

3. 그러한 헌신을 당당히 요구할 수 있는 이유는 무엇입니까?

4. 헌신의 방식과 구체적인 행동은 무엇입니까?

5. 당신의 헌신이 갖는 차별점은 무엇입니까?

6. 마지막으로 가장 중요한 질문입니다.
   구성원에게 요구하기 전에,
   당신부터 흔들림 없이 할 수 있는 헌신입니까?

자발적으로
일하는 조직문화

비즈니스의 성과는 크게 전략과 실행 두 가지의 축으로 달성이 됩니다. 전략은 예측에 기반한 계획입니다. 시장에서 후발주자가 선발주자의 전략을 벤치마킹해 더욱 탁월하게 실행하면, 전략은 후발주자의 것이 되죠. 그래서 전략보다 실행이 더 중요합니다.

프린츠와 같은 서비스업은 사람이 실행의 주체가 됩니다. 그래서 구성원의 의사결정과 행동 규범으로서의 브랜드 가치가 매우 중요한 역할을 합니다. 프린츠는 유독 존중, 공존·공생, 기술자로서 성취와 성장을 강조합니다. 이는 곧 일하는 방식이자 문화로서 프린츠 스타일이고, 이 가치는 구성원의 탁월한 실행을 만들죠.

일의 예술

커피 농장의 농부는 남과 다른 품질 좋은 커피를 만든다는 자부심을 느낍니다. 로스팅은 가게마다 철학이 담긴 특별한 기술이죠. 블렌드 커피는 3~4가지의 원두를 그저 섞기만 하는 게 아니라 '맛을 창조하는 작업'입니다. 또한 추출은 커피 한 잔을 만드는 데 있어 가장 중요한 기술입니다.

그중 원두를 갈고 도구를 준비해 섬세한 손길로 커피를 추출하는 것은 그 자체로 예술입니다. 블루보틀 성수점에 다녀온 SNS 후기를 보니, 블루보틀의 커피 문화 디렉터 마이클 필립스(Michael Phillips)가 직접 커피를 내려주는 것에 감명받은 이야기가 나오더군요. 이 과정을 목격한 후 마시는 커피는 더 맛있을 수밖에 없겠죠. 직접 주문한 커피를 정성스럽게 내리는 그 모습 자체도 감동이지만, 전문가의 퍼포먼스를 눈앞에서 볼 수 있는 흔치 않은 기회이기도 하니까요.

비단 스페셜티 커피만의 이야기는 아닙니다. 일본 킷사텐(喫茶店)의 마스터도 마찬가지이죠. 킷사텐은 예의를 다해 커피(또는 차)를 만드는 전통 있는 커피집이라고 할 수 있는

데, 킷사텐의 마스터나 바리스타는 정장이나 정장에 가깝게
단정히 차려입은 복장을 하고 커피를 내립니다. 가게마다
특징이 다르긴 하지만, 커피를 만드는 일부터 서빙까지 격
식을 갖추고 있다는 느낌을 전해주죠. 이렇게 마시는 커피
한 잔은 무척 경건한 느낌마저 듭니다. 게다가 가게를 운영
한 세월만큼 함께 해온 로스터기나 찻잔 같은 예스러운 물
건과 인테리어가 그 분위기를 한층 돋워주고요.

예스러운 킷사텐이든 현대적인 카페든, 온 신경을 집중해
커피를 추출하는 바리스타를 본 적이 있다면 또는 조각을
빚듯 빵의 결 하나하나를 신경 써서 만드는 제빵사를 만난
적이 있다면, 이 일에 예술가 기질이 필요하다는 것에 동의
하게 되고 맙니다. 그런데 이 예술의 특징은 영감이 떠오르
는 순간 작업하는, 그런 종류의 예술이 아닙니다. 하루하루
를 성실하게 보내야 하는 '직업'이죠.

그렇다면 과연 예술가 기질이 농후한 이 직업을 선택한 사
람이 기술자를 위한 공동체 생활에 잘 적응할 수 있을까요?

이 질문에 김병기 대표는 일단 예술가의 기질이 공동체 생
활에 맞지 않을 수도 있다고 호응했습니다. 하지만 그는 곧
다음과 같이 말했습니다.

"훌륭한 기술이야말로 예술이고, 훌륭한 기술자 그 자체
가 예술가라고 생각해요. 또한 자기 삶을 스스로 책임지는
것이 진짜 예술이라고 생각해요."

▲작업에 집중하는 프릳츠의 바리스타와 제빵사

이 말은 소설가 무라카미 하루키의 말과 닮았습니다. 하루키는 예술가에 두 가지 타입[1]이 있다고 말합니다. "하나는 지면 가까이에 기름층 같은 게 있어서 그것이 저절로 솟구치는 타입(이른바 천재 유형), 다른 하나는 땅속 깊은 곳까지 파고들지 않으면 기름층을 만날 수 없는 타입입니다. 안타깝게도 나는 천재가 아니므로 곡괭이를 들고 부지런히 단단한 지층을 파 내려가야 합니다."

더욱이 장편소설을 쓴다는 것은 상당한 육체노동이라고 하루키는 고백합니다. 생각보다 훨씬 많은 에너지를 장기간 필요로 한다는 것이죠. 그 때문에 하루키는 긴 인생을 전업 소설가로서 살기 위해 달리기를 시작했다고[2] 밝히고 있습니다. 매일 글을 쓰기 위한 체력을 기르고 의지를 높이기 위해서입니다.

잠깐 집중하는 것만으로 누구나 감탄할 만한 작품이나 세기에 기록될 만한 업적을 이룬다면, 그 사람은 분명 천재일 겁니다. 그런데 세상에 천재는 그리 많지 않습니다. 대부분이 천재라면, 그 재능을 천재라고 부르지도 않겠죠.

오히려 천재처럼 보이는 대단한 사람들도 나름의 성취를 이루기 위해 상당한 노력과 많은 시간을 쏟으며 살아갑니다. 그들 대부분은 아침 일찍 일어나 자기 직업에 몰두하는

....
1 무라카미 하루키, 《무라카미 하루키 잡문집》, 비채, 2011
2 무라카미 하루키, 《달리기를 말할 때 내가 하고 싶은 이야기》, 문학사상, 2009

하루를 매일 반복합니다. 김병기 대표는 이걸 '자기 삶을 책임지는 예술가의 높은 성취'라고 표현합니다. 하루에 모든 것을 쏟아붓는 삶보다 성실한 하루하루를 반복해 살아내는 것이 더 힘들고 숭고하다는 것을 알고 있기 때문입니다.

특출난 기술보다 친절한 미소

기술을 쌓는 데는 시간이 걸립니다. 하루키의 표현을 빌리면 '곡괭이를 들고 부지런히 단단한 지층을 파 내려가는 에너지'가 필요하고, 그 노력이 오랜 시간 반복되어야 기술이 몸에 익습니다. 직업을 잘하기 위한 매일의 노력 덕분에 하루키 역시 지층을 파는 작업에 꽤 정통하게 되었다고 말합니다. 곡괭이질에 유리한 근육도 탄탄히 붙었다고요. 제빵을 담당하는 허민수 셰프는 이렇게 말합니다.

"기술을 몸에 익히기까지는 상당한 시간이 걸려요. 수없이 반복해야 하는데, 사실 힘들고 귀찮은 일이죠. 하지만 일단 익히고 나면 자연스럽게 발현되죠. 예를 들면 바게트는 빵을 만드는 사람에게 상징적인 기술인데 저의 경우에는 만드는 감각을 익히기까지 1년 반에서 2년 정도 걸렸어요. 제가 만드는 빵 중에 기술을 익히기 위해 가장 애썼고 노력했던 게 바게트죠."

커피 기술도 마찬가지입니다. 커피를 맛있게 하는 기술, 즉 모든 변수를 컨트롤해서 한 잔의 맛있는 '컵 퀄리티'를 만들어낸다는 것은 대단히 높은 숙련도를 요구한다고 김병기 대표는 말합니다.

"프린츠 사람들이 말하는 '커피 기술'이란 커피를 만들 때 필요한 모든 일에 관한 기술을 뜻해요. 그중 커피 추출에 관한 기술은 10% 정도에 불과하죠."

김병기 대표는 매장 안에서 일하는 바리스타를 예로 들어 설명을 이어갑니다. 지금 막 나온 빵을 정리하고 포장하는 직원이 있습니다. 설거지하는 직원도 보입니다. 그 옆 직원은 설거지한 그릇의 물기를 행주로 닦습니다. 다 씻은 그릇을 모아 정리하러 가는 직원도 있죠. 모든 직원이 바리스타 (제빵사는 제빵실에서 정해진 시간대에 나올 빵을 만들고 있습니다) 입니다. 그나마 한가한 오전 시간이라 커피 추출 작업은 이따금 있을 뿐입니다. 이 모든 것을 합쳐 '커피를 만드는 기술'이며 이 모든 일을 하는 사람이 '커피 기술자'입니다.

그래서 프린츠는 직원을 채용할 때 당장의 기술보다 직업관이 비슷한 사람을 봅니다. 카페에서 일어나는 모든 일의 필요성을 인식하는 사람이죠. 또한 '그 모든 일'에는 웃으며 인사할 수 있는 태도도 들어갑니다. 완성도 있는 커피 한 잔을 만들어내는 기술은 시간이 걸리지만, 웃으며 인사하는 것은 지금 당장도 가능하기 때문입니다.

프린츠가 가진 철학은 블루보틀이 직원에게 기대하는 모습과도 비슷합니다. 마이클 필립스는 국내 언론과의 인터뷰에서 '커피에 대한 열정, 그리고 손님이 환영(hospitality)받고 있다는 경험을 주는 능력'을 중요시하는 동시에 '하루하루를 훌륭히 보낼 수 있도록 준비하는 모습'을 보여주었으면 한다고 밝혔죠.

웃으며 인사하는 바리스타가 만들어주는 커피는 그렇지 않은 커피보다 배는 더 맛있습니다. 그렇게 각자가 가진 맛 평가 기준은 더욱 유연하게 완화되어 '이 카페 참 좋다'거나 '커피가 제법 맛있다'라고 느끼는 것이죠.

고객이, 아니 인간이 감성적이기 때문입니다. 텍사스 A&M대학교 메이즈 경영대학원의 레오나드 L. 베리(Leonard L. Berry) 교수는 고객은 인간적인 상호작용이나 브랜드의 정서적 가치에 영향을 받는다[3]고 설명합니다. 인간은 합리적인 소비를 한다는 주류 경제학의 이론을 뿌리째 뒤흔든 심리학자 대니얼 카너먼(Daniel Kahneman) 프린스턴대 명예교수의 '행동경제학' 역시 이를 뒷받침합니다. 카너먼 교수에 따르면 인간은 합리적이긴커녕 '때로는 자신이 보는 대로, 때로는 남들이 하는 대로 따라 결정하는 존재'라고 하죠.

행동경제학까지 운운하지 않아도 조금만 솔직해지면 알

....
3 레오나드 L. 베리, 《서비스 경영 불변의 원칙 9》, 김앤김북스, 2014

수 있는 사실입니다. 우리는 상대의 사소한 말에 상처받고 세심하게 배려하는 태도에 기뻐하니까요. 그래서 '어쩐지 마음에 드는 곳'이 왜 마음에 드는지 잠자코 이유를 짚어보면, 대부분은 그곳에서 일하는 사람의 태도에 기인하는 경우가 많습니다. 웃으며 건넨 인사, 나를 기억하는 말 한마디와 상황에 맞는 세심한 배려 같은 것입니다.

 ## 개인의 발전이 곧 조직의 발전

　베리 교수는 서비스 기업은 행위를 통해 가치를 창조한다고 말합니다. 행위는 사람이 만들어냅니다. 그런데 노동집약적 산업에서 매일 일관되게 좋은 서비스를 실행하는 것은 무척 어려운 일입니다. 서비스가 감정 노동이기 때문입니다. 이때 일하는 사람을 이끌어주는 것은 기업의 가치입니다. 베리 교수는 기업의 가치를 솔선수범하는 리더를 '가치지향형 리더'라고 표현합니다. 가치지향형 리더는 기업의 존재 이유를 분명히 하고 구성원을 보살피며, 그들에게 기회를 제공하고 공정하게 대함으로써 사기를 북돋습니다.

　이런 방식이 직원의 삶만 윤택하게 하는 것은 아닙니다. 신뢰와 존중, 정직 같은 핵심 가치로 이어진 기업과 구성원의 관계는 기업과 고객의 관계에도 영향을 미칩니다. 똑똑

해진 요즘 시대의 고객은 경영이 투명한 또는 신뢰할 만한 가치를 가진 브랜드를 선호하기 때문입니다.

프린츠는 이런 이론을 잘 이해하고 실천하는 것으로 보입니다. 프린츠라는 회사의 목표는 기술자가 자신의 기술로 먹고사는 삶을 잘 유지할 수 있도록 돕는 것에 있습니다. 따라서 프린츠는 정규직만 고용하며 노동집약적 산업에서 실현하기 쉽지 않은 구성원의 복지를 위해 노력합니다. 스타벅스가 직원에게 의료보험과 등록금 지원 같은 교육 혜택을 지원하는 것, 블루보틀이 바리스타의 만족도를 높이기 위해 의료보험 등을 지원하는 이유와 같습니다.

프린츠의 직원 복지는 구성원의 삶의 속도에 맞춰 성장합니다. 함께 일한 세월이 쌓이면 구성원은 나이를 먹고 결혼을 하는 단계를 맞이합니다. 가족을 꾸린 직원에게는 가족수당이 나옵니다. 지위 고하에 상관없이 같은 수당이 지급됩니다. 육아휴직도 씁니다. 실제로 육아휴직을 6개월 쓴 바리스타가 최근 복귀해 일하고 있죠.

일을 잘하려면 잘 쉬어야 합니다. 그래서 프린츠는 구성원들이 할당된 휴가를 잘 쓸 수 있도록 장려합니다. 몸이 아픈 직원이 마음 편히 쉴 수 있도록 한 달의 유급 병가 제도도 지원합니다. 또 체력단련비도 지급하죠. '나이가 듦에도 매일같이 일을 해내는 것'은 상당한 체력전이기 때문입니다.

허민수 셰프는 개인의 역량 발전이 없으면 조직의 발전도 없다고 말합니다. 프린츠는 개인 역량의 발전을 위한 사내 프로그램 '싱크 프로그램'도 운영합니다. 한 달에 한 번씩 운영하는 싱크 프로그램은 바리스타와 제빵, 디자인, 회계 등 회사에서 일하는 여러 분야의 직원이 모두 참여합니다. 프로그램 주제는 두 가지입니다. '가르치고 배우기'와 '같은 주제로 모이기'입니다.

'가르치고 배우기'는 말 그대로 누군가 가르치고, 다른 사람들은 배우는 시간입니다. 예를 들면 한 제빵사가 크림빵을 가르치기로 정하고 공지하면 시간이 맞는 다른 직원들이 이 수업을 신청하고 배웁니다. 취지는 두 가지입니다. 첫 번째는 가르치고 배움으로써 다른 분야에서 일하는 사람들을 이해하는 일이죠. 두 번째는 가르쳐보는 일이 제일 많이 배우는 길이라는 점입니다.

'같은 주제로 모이기'는 관심사가 비슷한 주제로 2명 이상 모여 만드는 모임입니다. 같은 주제의 활동을 통해서 구성원들이 비슷한 공감대를 형성하면 좋겠다는 취지입니다. 달리기부터 구기 종목, 헬스클럽, 스케이트보드 같은 운동 모임도 있고, 글쓰기, 영화 감상, 필름 카메라, 꽃꽂이, 노래 부르는 모임도 있습니다. 그리고 회사는 사내 모임 활동에 일정 금액을 지원합니다.

'칭찬해'라는 프로그램도 있습니다. 한 달에 구성원 두 명을 칭찬하는 제도입니다. 프린츠라는 회사의 방향에 맞춰 기

▲'가르치고 배우기' 중인 프릳츠 구성원들

술자로서 훌륭한 모습을 보인 직원 두 명을 추천하는 겁니다. 칭찬받은 사람은 1표당 1만 원을 받는다고 합니다. 함께 일하는 것을 배우고, 함께 사는 법을 익히는 '기술자 공동체'라는 말이 무척이나 실감 나는 프로그램입니다.

처음에는 없던 프로그램이나 제도가 나중에 생기기도 합니다. 그중 하나가 '비타민 박스'입니다. 자취하며 혼자 사는 직원에게 과일 같은 비타민을 챙겨 보내주는 프로그램입니다. '프린츠 카'를 줄인 '프카' 제도도 있습니다. 회사 소유의 자동차를 프린츠 구성원이 함께 쓰는 공유 자동차로 운용하는 제도입니다. 짐이 많은 날 혹은 이사하는 날처럼 차가 필요한 사람이 미리 신청하고 빌려 쓸 수 있습니다. 데이트할 때도 빌려 쓸 수 있다고 하니 정말 유용한 '프카'입니다.

훌륭한 직업인을 육성한다는 것의 의미

그런데 김병기 대표는 이걸 굳이 '복지'라고 생각하진 않는다고 말합니다. 법률이 정한 바를 최선을 다해 지킬 뿐이라는 거죠. 여기에 구성원과 더 나은 삶을 살기 위해 회사가 내부적으로 마련한 제도나 시스템이 있을 뿐이라는 겁니다. 그런데도 프린츠의 복지와 사내 프로그램은 알음알음 소문이 나서 대중의 시선을 집중시키고 호응을 받고 있죠.

사람들은 왜 이런 소식에 열광할까요? 프린츠의 일하는 방법이 알음알음 알려져 팬이 생기고, SNS에 '좋아요'를 누르는 이유는 무엇일까요?

어쩌면 우리 사회 전체가 어떻게 일하는 것이 좋은지 이제야 고민에 빠진 것은 아닐까 생각해봅니다. 직업에 대한 진지한 태도와 인생의 철학을 배우지 못한 채, 경제 논리와 경쟁 구도로만 해석되는 현실에 지치고 상처받은 것인지도 모르죠. 내가 존중받고 남을 존중하며 일하는 법을 너무 오래 잊고 살다가, 함께 존중하며 일하는 법을 실천하는 사람들을 보며 '이렇게 일할 수도 있구나'를 깨우치게 된 것일지도 모르겠습니다. 앞으로는 다른 방법을 찾아야 한다고, 지금까지의 방법으로는 어렵다고 말입니다.

그런 의미에서 허민수 셰프가 인터뷰에서 한 말은 상당히 인상적이었습니다. 그는 '먹고사는 일을 하기 위해 만났지만, 먹고사는 일을 멋지게 하고 싶은 마음은 있다'라고 말했습니다.

"저희는 비영리 조직도 아니고 사회적 기업도 아닌 일반 회사지만, 훌륭한 직업인을 육성하는 것도 사회에 이바지하는 길이라고 믿어요. 또 저희가 정성껏 만드는 빵과 커피를 누군가 먹고 또 하루를 살아갈 수 있는 에너지를 얻는다면, 그것 역시 사회에 이바지하는 일이겠죠. 프린츠가 프린츠의 일을 잘하는 것만으로도 사회적 가치를 만들어낸다고 생각해요. 우리가 모두 각자의 직업에 최선을 다하면, 이 세상 많은 문제가 해결되리라 생각해요."

이런 프릳츠의 가치관은 함께 일하는 주변 사람에게도 영향을 줍니다. 김병기 대표는 커피 농장과 점차 쌓아온 관계를 이야기해줍니다.

"저희가 농장을 찾았을 때 농부들이 저희에게 설명하는 중요한 지점이 예전과 좀 달라졌어요. 예전에는 자기네 땅이 얼마나 좋은지, 이곳 특산품이 무엇인지 설명했다면 지금은 커피체리를 따는 피커들의 처우가 어떤지, 친환경적으로 어떤 형태의 노력을 하는지 이야기해주세요. 우리가 뭘 중요하게 생각하는지 그분들도 알고 있고 신경을 쓰는 거죠. 물론 시간이 오래 걸렸어요. 저희가 바이어지만 그들 나름의 삶의 고충이 있기 때문이죠. 밀어붙이기만 한다고 되는 일은 아니고요. 혁명은 안단테로 한다고, 천천히 저희가 원하는 방향으로 가는 길이라고 생각해요."

구성원이 곧 브랜드 가치

브랜드 가치는 세 가지 의미에서 사용됩니다. 첫 번째는 브랜드를 평가할 때의 금전적인 가치, 두 번째는 브랜드가 고객에게 경험되는 결과로서의 가치입니다. 마지막 세 번째는 구성원이 브랜드의 비전과 미션을 실행하기 위한 의사결정과 행동규범으로서의 가치입니다. 아래 질문을 읽고 당신의 브랜드 가치에 대해서 생각해보세요.

1. 브랜드 미션을 지키기 위해 타협하거나 포기할 수 없는 일하기 방식은 무엇입니까?

2. 고객에게 한 약속을 실행하기 위해 타협하거나 포기할 수 없는 일하기 방식은 무엇입니까?

3. 위의 두 질문을 위해 구성원들이 서로 지켜야 할, 일하는 방식은 무엇입니까?

**전체를 빠르게
보는 프릴츠의 일하기 룰**

프릴츠 매장에서는 매일 아침마다 커피 맛을 지속적이고 일관적으로 맞추기 위한 퀄리티 컨트롤 작업을 진행합니다. 프릴츠의 맛을 일관적으로 지키기 위해 그날의 커피 셋업을 맡은 바리스타가 커피 종류에 따라 퀄리티 컨트롤 차트를 기록하면 이 기준에 맞춰 다른 바리스타들이 커피를 뽑습니다. 여기서 질문을 하나 드리죠.

에스프레소 테이스팅을 하는 바리스타는 어떻게 선정할까요? 고참 선배일까요? 아니면 가장 실력이 뛰어난 사람일까요?

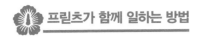

먼저 정답부터 말하자면, 둘 다 아닙니다. 누가 하는지 정해진 룰도 없습니다. 김병기 대표는 그런 종류의 작업이 아니라고 말합니다.

"누군가는 할 수 있고 누구는 불가능한 작업이 아니에요. 경력과 실력이 비례한다고 생각하지 않거든요. 경력이 증명하는 것은 성실함이나 연륜 같은 것이죠. 이 직업을 내가 오랫동안 포기하지 않았다는 증거이지, 맛을 더 잘 보거나 기술이 훌륭하다는 증거는 아니거든요."

그렇지만 대표와 테스트를 함께하는 건 직원으로선 떨리는 일이 아닐까요? 이 물음에 대한 김병기 대표의 대답이 흥미롭습니다. "새로 들어온 동료는 어려워할 수도 있지만, 오래 함께한 구성원들은 관심도 없다"는군요. 퀄리티 컨트롤이 직원의 기술을 평가하는 일이 아니기 때문입니다. 누가 누가 더 잘하나를 겨루는 일이 아니라 손님에게 맛있는 커피를 드리기 위한 작업일 뿐입니다.

"프릳츠에서 일을 잘한다는 뜻은 '같이 일하는 법을 배운다'에 가까운 거 같아요. 내가 기술적으로 남보다 도드라진다거나 지식이 풍부하다거나 하는 부분이 아니에요. 퀄리티 컨트롤 차트 역시 같이 일하는 방법이고요."

물론 퀄리티 컨트롤은 직원 수가 지금처럼 늘기 전엔 하지 않았던 작업입니다. 숙련자인 6인 창업자들과 시작할 때는 "오늘 이렇게 갈게요"라는 말만으로 모두 이해했기 때문이죠.

2019년, 프릳츠의 직원은 70명이 넘습니다. 더 많은 직원과 일하게 되면서 작업의 언어를 통일하는 것이 중요해졌습니다. 즉 퀄리티 컨트롤 차트와 제빵 작업일지는 프릳츠 스타일의 커피와 빵을 매일 재연해내기 위한 '함께 일하는 방법'입니다.

함께 일하는 방법을 위해 프릳츠가 중요하게 생각하는 기본 원칙은 같은 기술자로서 상호존중하며 일하는 자세입니다. 예를 들면 사소한 것을 지적하거나 구체적으로 지시하지 않습니다. "행주를 이렇게 접으세요"라고 말하는 대신 행주를 접어야 하는 이유를 설명하는 겁니다. 혹은 설거지를 어떻게 하라고 말하는 대신 그릇을 깨끗이 닦아야 하는 이유를 설명하죠.

특정 숙련도에 따라 롤을 정하지도 않습니다. 마치 물이 흘러 비워진 곳을 메꾸듯, 구성원들은 상황에 따라 자연스럽게 포지션을 바꾸며 할 일을 찾아갑니다. 빵이 나오면 누군가는 빵을 포장하고 다른 누군가는 쌓인 그릇을 설거지합니다. 그러다 손님이 늘고 주문이 밀리면 커피를 추출하는 데 집중하죠. 모든 일은 바리스타가 직접 합니다.

또한 프릳츠에는 인사고과가 없습니다. 직급(직무의 등급)

이 없고 직책(직무상의 책임)만 있습니다. 만약 대표에게 잘 보이고 싶은 한 직원이 매일 아침 사과를 하나씩 선물한다고 해도, 아무 일도 일어나지 않습니다. 김병기 대표는 호탕하게 웃으며 이렇게 말합니다.

"네, 고마운 일이지만 대표인 제게 잘 보인다고 해서 제가 해줄 수 있는 일이 없어요. 고맙다는 인사 정도죠."

🌸 빠르게 현장을 익혀야 하는 이유

회사깨나 다녀본 분들이라면, 여기서 궁금증이 생길 겁니다. '직급도 없고 인사고과도 없다니, 그렇다면 구성원의 성장은 어떻게 유도할 수 있을까?'란 궁금증이죠. 보통 회사라는 조직은 연차에 따라 하는 일이 달라지고 그로 인해 성장의 단계가 생깁니다. 새로운 프로젝트를 맡음으로써 구성원이 성장하기도 하고, 구성원이 성장하며 더 새로운 일을 맡기도 합니다.

물론 바리스타와 제빵사라는 직업의 특징이 있으니 성장의 기준이 일반 회사와는 조금 다를 수 있겠죠. 그래서 같은 직종의 사례를 찾아봤습니다. 일본 이바라키현 히타치나카시라는 지방 소도시에서 1969년에 커피전문점을 열고 50년을 버텨온 '사자 커피(SAZA COFFEE)'입니다.

사자 커피는 직원의 성장을 위해 '현장감'을 중요시[1]합니다. 한 명의 직원이 생산지 방문부터 카페에서 커피를 추출하는 등 손님에게 제공하는 일련의 과정을 모두 경험하게 하는 현장감입니다. 또 창업자인 스즈키 요시오 회장은 주말이나 연휴에 본점 카운터에 나와 커피를 내리거나 설거지를 한다고 하죠. 주말이라 유독 바쁜 직원들 손을 덜어주고 또 커피를 내리며 손님과 이야기도 할 수 있어서입니다. 이것 역시 창업자이며 회장에게 필요한 현장감이겠죠.

현장감을 익히도록 하는 것은 스타벅스도 마찬가지입니다. 스타벅스의 새 직원은 초기 교육의 70%를 현장 경험과 실전 연습 형태[2]로 받습니다. 나머지 20%는 동료와 학습 코치, 점장으로부터의 피드백과 멘토링으로 채워지며 10%는 온라인 커리큘럼으로 이뤄집니다. 직원의 효과적인 성장을 위한 학습과 역량 개발의 70%는 현업, 20%는 코칭과 멘토링, 10%는 공식 훈련으로 달성된다는 '70/20/10 교육 모델'의 접근법을 따른 것이죠.

프릳츠 역시 현장감을 말합니다. 프릳츠의 현장감은 서로의 포지션을 빠르게 경험하는 것입니다. 그중 하나로 직책으로서의 팀장을 빠르게 맡습니다. 입사하고 1년이 지나면 팀장이 될 수 있는 자격이 주어지죠. 팀장은 자원할 수도 있

----

1 다카이 나오유키, 《시골 카페에서 경영을 찾다》, 길벗, 2018
2 조셉 미첼리, 《스타벅스 웨이》, 현대지성, 2019

고 제비를 뽑아 결정하기도 합니다.

팀장은 한 명이 계속 맡지 않고 돌아가며 경험합니다. 이를 두고 김병기 대표는 '리더와 팔로워'라고 표현합니다. 빠르게 리더의 자리에 서 보고, 리더의 자리에 있다가 다시 팔로워 자리로 돌아갑니다. 핵심은 현장을 익히고 함께 일하는 상대를 이해하는 것에 있습니다. 예를 들면 팔로워로서 어떤 역할을 할지 리더가 돼야 이해하기 쉽죠. 그렇게 리더를 경험한 사람이 팔로워가 되면, 팔로워로서 어떤 미덕을 가지면 좋을지 고민하며 일하게 됩니다.

보통의 회사에서는 이 간극이 큽니다. 특히 규모가 큰 조직일수록 그렇죠. 팀장은 팀원이던 시절이 까마득해 팀원의 고충을 가볍게 지나칩니다. 팀원이 자신처럼 일하지 않는 것이 불만이고, 일을 맡을 때 시원시원하지 않고 미루적거리는 것도 못마땅합니다. 리더와 팔로워의 간극이 클수록 상호존중과 배려는 먼 이야기가 되기 십상입니다. 따라서 리더와 팔로워를 빠르게 경험하는 것은 서로를 이해하고 협력할 수 있는 현명한 방법으로 보입니다.

 호칭은 자유롭게, 약속은 철저하게

호칭은 한국 사회에서 쉽사리 내려놓기 어려운 직업의 위계를 보여줍니다. 본래 사람 사이의 관계를 지칭하던 호칭이 권력을 갖게 되는 이유이죠. 권력은 종종 사람 간의 의사소통을 방해하고, 일의 본질을 흐려놓습니다.

그래서 프린츠 사람들의 호칭은 자유롭습니다. 강요는 없으며 권위도 없습니다. 사람들이 맺은 관계를 기반으로, 상대에 대한 존중을 담아서 각자 원하는 대로 부릅니다.

"병기 님, 안녕하세요?"

언젠가 프린츠 카페 저 멀리서 들리는 이 인사를 듣고 설마 했던 기억이 납니다. '저 사람이 부른 병기가 설마 그 병기인가?' 역시나, 출근하는 김병기 대표를 보고 직원이 반갑게 맞이하는 인사가 맞았습니다.

"저를 부르는 호칭도 직원마다 달라요. 병기 님이라고 부르는 직원도 있고, BK 님(김병기 대표의 영어 이름)이라고 부르는 친구도 있고, 오빠 또는 형님이란 호칭도 있어요. 각자의 관계에 맞춰 호칭을 정하고 불러요."

만약 팀장이 된 직원이 팀장님으로 불리고 싶다면, 팀장님으로 불러줍니다. 농담처럼 사장으로 불러 달라는 직원도 있었다고 하네요. 본부장으로 불리길 원한다면 본부장님으로 불러준답니다.

마치 허물없는 친구들의 화기애애한 모임 같다고요? 그러나 이곳은 분명한 회사입니다. 공동 창업자 6인이 회사의 비전을 세우고 구조를 만들고 직원 복지를 결정하며, 회사의 핵심 가치와 품질을 유지하느라 상당한 에너지를 쏟고 있는 회사입니다.

프린츠라는 조직의 구조를 세운 허민수 셰프는 구성원의 상호존중이 중요하다고 강조합니다. 위계가 없는 자유로운 호칭으로 서로를 부르는 일이 예의에 어긋나지 않는다고 느낀다면, 그것은 '상호존중'이 존재하기 때문입니다.

존중은 신뢰를 기반으로 합니다. 신뢰는 저절로 생겨나지 않습니다. 그래서 프린츠는 모든 구성원이 지키는 약속을 만들었습니다. 그중 하나가 '지각하지 말자'는 약속입니다. 경쟁보다 공생을 중요시하고 위계보다 수평적인 존중을 지향하지만, 사람이 모인 곳에는 능력이 특출난 사람도 있고 아닌 사람도 있게 마련이죠. '지각하지 말자'는 능력이 있든 없든 누구나 지킬 수 있는 약속입니다. 허민수 셰프는 누구나 할 수 있는 일이면 누구나 하는 게 맞고, 그게 바로 '상호존중'의 시작이라고 말합니다.

또 다른 약속은 '반갑게 인사하기'입니다. 우선 손님에게 반갑게 인사해야겠죠. 허민수 셰프는 프린츠의 첫 번째 손님은 바로 옆에서 일하는 동료라고 설명합니다.

"동료를 반갑게 맞이하려면 구성원들이 서로를 신뢰해야 해요. 그 신뢰는 '지각하지 않는다'는 약속을 지키는 것에서 시작한다고 생각해요. 만일 어느 한 사람에게만 특혜가 주어진다면 동료가 반갑지도 않겠고, 신뢰가 생기기도 어렵겠죠. 반갑게 웃을 수 있는 태도야말로 사람만이 가진 힘이며, 그 힘에서 지속성이 생긴다고 믿어요."

이런 프릳츠의 '약속'이 평범하다고 느끼는 분도 있을 듯합니다. 동시에 평범하지만 쉽지 않은 일이라고 느끼는 분도 있겠죠. 하루나 이틀은 평범하고 쉬울 수 있습니다. 그런데 매일매일 5년 넘게 지속한다는 것은 노력이며 의지이기 때문입니다.

재미있는 점은 프릳츠에서는 소통이란 말을 쓰지 않는다는 겁니다. 신뢰와 존중, 팀워크 같은 핵심 가치를 구성원에게 설명할 때 보통 '소통'이란 말을 써서 장려하곤 하지만, 프릳츠는 소통 대신 지각하지 않기, 반갑게 인사하기 같은 '약속'을 합니다. 김병기 대표는 이걸 '용'에 빗대어 설명하더군요.

"신입 사원 교육 때 소통은 마치 용과 같은 존재라는 말을 자주 해요. 모두의 마음에 용을 떠올릴 순 있어요. 그런데 실제로 용을 본 사람은 아무도 없죠. 마찬가지로 마음속에 누구나 소통에 대한 필요성을 느끼고 있지만, 실제 소통해본 사람은 아무도 없다고 생각해요. 소통의 정의가 서로 다르기 때문이에요. 그런데도 소통이 잘 됐다면, 나의 정의와 상대의 정의가 기적적으로 맞았을 때겠죠(웃음). 그래서 저희는 소통 대신 약속을 해요. '소통하자'보다 '지각하지 말자'란 약속이 구체적이잖아요."

약속은 치열하게 지킵니다. 약속이 잘못됐다면, 다시 약속을 정하면 됩니다. 어떤 문제이든 답은 상황에 따라 그리고 시대에 따라 바뀔 수 있으니까요. 정한 약속은 다시 열심히 지킵니다. 프린츠는 지속적으로 이 일을 반복하고 있습니다.

기대가 아니라 구체적인 브랜드 약속

조직과 구성원의 관계를 통해 성과를 내는 것이 인터널 브랜딩이라면, 익스터널 브랜딩(External Branding)은 브랜드와 소비자의 관계를 만드는 것입니다. 소비자와의 관계에서 첫 번째로 중요한 것은 아마도 약속일 겁니다. 브랜드 약속이란, 기업이 고객에게 제품과 서비스에서 기대할 수 있는 것을 명시한 것인데요. 추상적인 기대가 아닌, 프린츠의 구성원들이 일하는 방법을 정하고 룰을 만드는 과정을 통해서 프린츠의 브랜드 약속을 볼 수 있었습니다.

브랜드 약속은 경쟁업체와의 차별화 수단이 되기도 합니다. 흔히 태그라인(tag-line)이라고 하는데요. 이는 광고 및 마케팅 캠페인의 유용한 도구로도 쓰이죠. 예를 들면, 마켓컬리의 새벽배송 같은 것입니다.

그런데 브랜드 약속은 꼭 소비자를 위한 걸까요? 그런 건 아닙니다. 구성원에게도 필요하죠. 그런 면에서 프린츠는 일하는 방법이란 약속을 통해 소비자와 구성원 모두의 마음을 잡았습니다. 이렇게 일하는 곳이라면 믿을 수 있다는 메시지를 전달하고 있는 것이죠. 아래 질문은 브랜드 약속을 만드는 관점을 제시한 것입니다. 조금 추상적이라도 깊게 생각해보면 고개가 끄덕여지는 질문들입니다.

1. 당신은 누구를 위하여 무엇을 할 수 있습니까?

2. 아래에 제시한 6가지 요소를 충족시킬 수 있는
   당신만의 브랜드 약속을 써보세요.
   이것은 '나'라는 개인의 브랜드일 수도 있고,
   기업의 브랜드일 수도 있습니다.

◆ **단순함:**

◆ **현실적:**

◆ **차별화:**

◆ **관찰 가능함:**

◆ **감성과 연결:**

◆ **기억하기 쉬움:**

[3장]

빠르게 성장하는 한국의 커피 시장에서
잠재력을 가진 브랜드로 프릳츠를 꼽는 데 주저하지 않는 이유는,
프릳츠가 가진 지속가능성 때문입니다.
최고 품질의 맛을 위해 산지와 직접 거래해
엄선한 원두로 로스팅하는 점,
좋은 원재료로 맛있는 커피와 빵을 매일 성실히 만드는 점,
그리고 손님을 대하는 진정성을 강조하는 부분이 그렇죠.
또한 프릳츠가 지향하는 공유와 협업의 문화도
지속가능성과 닿아 있습니다.
단어 그대로, 프릳츠는 공유와 협업하는 문화를 지향합니다.

프릳츠답게

맥락을 연결하면
브랜드가 보인다

    브랜드 경험이란 의도적인 특정한 자극을 통해 브랜드 아이덴티티를 경험하는 과정에서 발생하는 고객의 주관적이며, 내재적인 반응의 결과라고 할 수 있습니다. 특히 프린츠와 같은 서비스 기업에서 공간이 가지는 의미는 각별합니다. 서비스 그 자체가 브랜드이기 때문이죠. 다시 말해 서비스가 고객 가치를 결정하는 데 더 큰 역할을 한다면, 제품 브랜딩보다 기업 브랜딩의 중요성이 더 커집니다. 그렇기 때문에 서비스업에서 공간은 기업의 브랜딩을 보여주는 중요한 요소가 되는 것이죠.

공간이란 참 신기합니다. 단순하고 절제된 미학을 보여주는 블루보틀에서는 미니멀 라이프에 대한 의욕이 생기다가, 40~50년의 전통이 오롯이 느껴지는 일본의 커피집 킷사텐(喫茶店)에 가면 레트로 감성에 푹 빠지게 되죠.

미니멀과 레트로 중 프릳츠는 어느 쪽인가 하면 후자에 가깝습니다. 콘셉트는 '코리안 빈티지'입니다. 프릳츠 매장들 역시 시대별로 해석한 코리안 빈티지를 내세웁니다. 한국인이 살아온 세월의 흔적을 살린 공간과 의자와 테이블, 조명과 컵이 있고, 여기에 프릳츠가 재해석한 맛있는 빵과 커피를 제공합니다. 커피와 빵이 한국에 들어온 그 시절의 생활 양식을 프릳츠만의 방식으로 옮겨온 겁니다.

프릳츠의 개성은 코리안 빈티지

'한국'은 프릳츠라는 브랜드를 관통하는 키워드입니다. 우선 빵과 커피를 한국적으로 해석합니다. 프릳츠라는 회사가 지닌 핵심 가치 '같이 일하는 법'에도 한국의 토대를 이해해야 한다는 전제가 있습니다. 한국이라는 사회 시스템에서 사회 구성원으로서 같이 살아가기 때문이죠.

프릳츠의 매장을 좀 더 자세히 소개하자면, 1호 도화점은 마포구 도화동 골목길에 있습니다. 서울 주택가에서 종종 볼 수 있는 1960~1970년대에 건축한 양옥을 카페로 리모델링했습니다. 정원이 바라보이는 대문 입구에서 보면 곳곳에 꽃이 핀 화분이 놓여 있습니다. 매장 안쪽에 따스한 조명이 켜져 있고 빵 냄새도 솔솔 나서 아기자기하게 잘 꾸민 집 같다는 느낌입니다.

2호 원서점은 전통가옥인 한옥을 카페로 만들었습니다. 실내 매장의 규모는 그다지 크지 않지만, 이곳의 매력은 탁 트인 야외입니다. 툇마루를 의자로 활용한 테이블에 앉아 커피를 마실 수 있죠. 혹은 넓은 마당에 둔 야외 테이블에서 기와를 얹은 한옥과 낮은 담을 감상하며 커피를 마실 수 있습니다. 날이 좋을 때 그리고 바람이 쐬고 싶은 날에 생각나는 곳이죠.

3호 양재점은 1980~1990년대에 지은 작은 상업용 건물입니다. 붉은색 벽돌로 외벽을 세운 5층(지하 매장 포함, 지상 4층은 사무실) 건물인데, 겉모습만으로도 '레트로'가 느껴지는 곳이죠. 오래 사용해서 반질반질해진 시멘트 바닥에, 계단의 손잡이는 원목을 둥글게 또는 각지게 깎아 멋을 냈습니다. 요즘 말로는 '레트로'한 곳이지만, 그 당시에는 현대적이라는 의미에서 '모던'하다고 여겼을 디자인이기도 합니다. 커피를 나르는 트레이부터 소파와 조명까지 더해져 그야말로 1980년대를 충분히 느낄 수 있는 공간입니다.

보통 한국에서 카페를 한다고 하면 외국에서 느끼고 경험

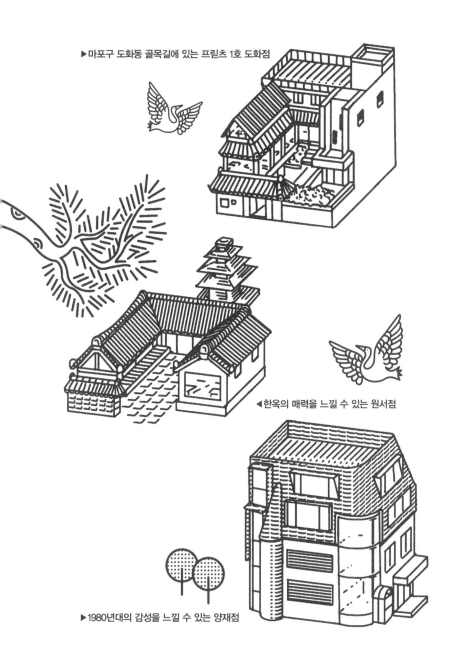

▶마포구 도화동 골목길에 있는 프린츠 1호 도화점

◀한옥의 매력을 느낄 수 있는 원서점

▶1980년대의 감성을 느낄 수 있는 양재점

3장 프린츠답게

한 공간을 한국에 구현하는 것이 일반적입니다. 프릳츠는 그 반대를 택했습니다. 외국의 것으로 시작했으나, 이제 한국적으로 해석할 때가 됐다고 본 겁니다. 빵과 커피를 한국에서 만든다는 것의 의미를 가져가고 싶었기 때문입니다. 그러니까 '한국'은 프릳츠의 토대이며 '코리안 빈티지'는 프릳츠의 개성인 셈입니다.

브랜드에 있어 자기만의 개성은 무척 중요합니다. 개성은 브랜드 이미지와 직결되기 때문입니다. 개성을 직감적으로 드러내는 것은 디자인입니다. 예를 들면, 블루보틀은 단순할 정도로 미니멀한 디자인을 표방합니다. 색깔도 세 가지가 전부입니다. 커피를 상징하는 갈색과 흰색 그리고 터키블루라고 말하는 파란색입니다. 제품 디자인은 물론이고 매장 디자인에도 이 세 가지 색깔을 사용해 절제된 디자인을 강조합니다. 무엇을 더하기보다 비움으로써 완성하는 절제의 미학이죠. 블루보틀이 커피 업계의 애플로 불리는 이유이기도 합니다.

또한 디자인과 로고는 그 브랜드의 상징과 같습니다. 블루보틀의 상징은 파란 병 로고이죠. 깔끔한 파란 병 로고 하나만으로 블루보틀의 절제된 디자인 철학을 잘 느낄 수 있습니다. 블루보틀에서 인기리에 팔리는 원두와 머그잔, 커피 필터, 드리퍼, 에코백에도 파란 병 로고가 들어가 있죠.

프릳츠 역시 공간만 코리안 빈티지로 해석한 것이 아닙니다. 매장의 조명, 테이블, 의자 그리고 에코백이나 컵 같은 굿즈에서도 코리안 빈티지 콘셉트를 확실히 볼 수 있습니다.

프린츠의 상징은 물개입니다. 한글의 고어에서 쓰던 'ᄃ' 받침을 사용한 프린츠의 한글 간판만큼이나 눈에 띄는 캐릭터이죠. 빵 혹은 커피잔을 들고 비스듬히 누운 물개는 머그잔과 커핑 컵, 티셔츠 등에 등장합니다. 굿즈의 디자인 콘셉트도 역시 '빈티지'입니다. 오래되고 따뜻한 느낌의 색감과 정겨운 폰트가 그 콘셉트를 확실히 말해주죠.

이처럼 빈티지한 프린츠의 굿즈는 한국의 여러 시대를 구현한 빈티지 공간과도 무척 잘 어울립니다. 아니, 공간만큼이나 코리안 빈티지를 잘 구현한 것이 바로 굿즈이죠. 누군가는 프린츠 굿즈에 '커피와 빵보다 더 유명한'이란 수식어를 붙일 정도니까요.

머그잔처럼 항상 기본적으로 판매하는 굿즈만 있는 게 아닙니다. 프린츠는 시즌별로 에디션을 냅니다. 겨울에는 장갑을 선보이고, 여름에는 반소매 티셔츠를 판매하거나 부채를 증정하기도 합니다. 또 크리스마스 시즌엔 슈톨렌과 크리스마스 블렌드 커피가 에디션으로 나오죠. 뭐가 또 나올까 기다리는 재미가 쏠쏠합니다.

모든 제품에 다 들어가는 것은 아니지만, 굿즈나 커피용품을 돋보이게 하는 주인공은 역시 '물개'입니다. 프린츠가 전하는 SNS 소식에도 물개는 자주 등장하죠. 물개는 주로 커

▲빈티지한 매력의 프릳츠 커핑컵

◀프릳츠스러운 프릳츠 머그잔

▲추석을 맞이해 출시된 프릳츠 추석 선물세트

COFFEE
BREAD
FRITZ

JOIN
THE FRITZ

FRESH
ROASTED

▲프릳츠의 귀여운 물개 캐릭터

피를 들고 있지만, SNS에서는 더 다양한 모습을 볼 수 있습니다. 추석이나 설날 같은 명절을 공지할 때는 귀여운 물개 캐릭터가 복주머니를 들고 있거나 한복을 입고 있기도 합니다. 그런데 프릳츠의 상징처럼 보이는 물개는 순전히 우연히, 아무 의미 없이 만들어진 결과물이라고 김병기 대표는 말합니다.

"사실 저희는 '프릳츠'라는 한글 이름, 그리고 한글 폰트 디자인으로 충분하다고 생각했어요. 그런데 디자인해주시는 분이 좀 심심하다, 뭐라도 있으면 좋겠다고 하셨죠. 그렇다면 뭐든 관계없다, 심지어 물개 같은 것도 관계없다고 말씀드렸더니, 다음 날 정말 물개를 그려오셨어요. 그런데 이게, 아주 썩 마음에 들어서 정말로 하게 됐죠."

누군가는 물개와 김병기 대표가 닮았다고도 했다지만, 물개는 그냥 물개입니다. 숨은 뜻은 없습니다. 본질은 다른 데 있기 때문입니다. '일하는 사람'과 '같이 일하는 방법' '직업을 대하는 태도'입니다. 디자인의 차별화와 전략이 넘쳐나는 세상에서 프릳츠는 디자인의 의미를 더하는 것은 결국 '우리가 일하는 방식'에 있다고 말합니다.

"우리의 본질을 훌륭히 해내면 겉으로 드러나는 디자인, 로고 같은 것도 자연스럽게 좋아해주실 거라 믿어요. 의미가 없던 것이 의미가 생기고, 고유한 것이 되는 거죠. 프릳츠를 사랑하는 분들에게 의미 있게 다가가는 거겠죠. 그러니

▲코리안 빈티지를 상징하는 프릳츠 로고

물개가 아니라 라디에이터나 달력 같은 거여도 상관없었을 거예요."

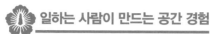

일하는 사람이 만드는 공간 경험

디자인만이 브랜딩의 전부는 아닙니다. 생각해 보면, 미니멀한 디자인의 카페는 블루보틀 외에도 많습니다. 레트로한 콘셉트의 카페도 프릳츠가 유일한 게 아닙니다. 그런데도 대중에게 각인되는 차이는 다릅니다. 멋지다고 느낄 때도 있지만 어떤 것에는 별 감흥이 없기도 합니다. 그 차이는 소비자가 '브랜드를 바라보는 이미지의 차이'에 있습니다.

서비스 전문가이자 텍사스 A&M대학교 메이즈 경영대학원의 레오나드 L. 베리 교수는 이것을 브랜드 의미(Brand meaning)라고 정의합니다. 고객이 매장에서 경험한 서비스를 바탕으로 브랜드를 인지하고 평가하는 것을 뜻합니다. 순전히 고객의 경험에서 만들어진 인식이라는 점에서, 기업이 스스로 구축하는 브랜드 메시지와는 구별됩니다. 기업이 제안하는 브랜드의 이미지가 고객의 경험과 꼭 일치하는 것은 아니니까요.

비즈니스 컨설턴트인 톰 피터스(Tom Peters)는 고객을 사로잡으려면, 고객이 그 기업에서만 누릴 수 있는 경험이 필요하다[1]라고 말합니다. 특별한 경험을 통해 고객은 브랜드와 제품, 서비스를 연관 짓는다는 것이죠. 경험의 차별화는 일하는 사람이 만들어냅니다. 매장과 제품 디자인이 고객에게 경험을 제공하는 것은 사실이나, 그 경험을 완성하게 하는 것은 일하는 사람의 고객 응대, 즉 서비스에 있습니다. 디자인은 모방할 수 있지만, 최상의 서비스는 따라 하기 어렵기 때문이죠. 물론 비슷하게 흉내를 낼 수도 있겠죠. 하지만 서비스 행위에 대한 가치를 이해하지 못한다면 지속하기 어려울 수밖에 없습니다.

한국과 마찬가지로 카페 창업률이 3년을 넘기기 어렵다는 일본에서 50년 동안 카페를 운영한 사자 커피는 시간이 흘러도 변하지 않는 원칙으로 '맛'과 '고객 서비스'를 강조[2]합니다.

사자 커피는 일본의 작은 지방 도시인 이바라키현에서 1969년 시작해 전국에 12개 지점을 낸, 일본을 대표하는 카페 중 한 곳입니다. 사자 커피가 블루보틀 그리고 프린츠와 비슷한 점이 있다면, 집착에 가까울 만큼 커피 맛을 추구한다는 점입니다. 또 맛을 위해 콜롬비아에 직영 농장을 만들어 운영하고, 바리스타 교육에 대한 투자도 아끼지 않습니다.

사자 커피는 오래가는 가게가 지켜야 할 원칙으로 두 가지

----

1 Tom Peters, 《The Circle of Innovation》, Knopf, 1997
2 다카이 나오유키, 《시골 카페에서 경영을 찾다》, 길벗, 2018

를 강조합니다. 첫 번째는 '맛'입니다. 사자 커피에 따르면 개성은 오히려 부가가치라고 말합니다. 맛보다 개성에 치중하면 오래가기 어렵다는 것이죠. 그 증거로 음식이 맛있지 않으면 재방문으로 이어지지 않는다고 말합니다.

두 번째는 '고객 서비스'입니다. 사자 커피는 시대가 변해도 타인에 대한 예의는 변하지 않는 것처럼 가게 역시 맛과 개성이 달라도 진심이 담긴 고객 서비스는 장수하는 가게의 기본 중의 기본이라고 말합니다.

사자 커피의 원칙을 대입해보면, 맛의 품질을 최우선으로 하는 프릳츠는 기본을 해내고 있다고 볼 수 있습니다. 맛을 위해 최고의 식자재를 구하는 것을 우선하며, 한국적으로 해석한 빵과 커피를 고수하니까요. 또한 프릳츠의 부가가치는 '코리안 빈티지'라는 개성입니다. 맛과 제품은 물론이고 매장의 디자인도 시대별 코리안 빈티지를 보여주죠.

매장에는 또 다른 차별점이 있습니다. 바로 일하는 사람입니다. 마치 조금 비워둔 것처럼 보이는, 절제된 디자인을 선호하는 블루보틀은 그 공간을 채우는 것이 '사람'이라고 말합니다. 프릳츠도 비슷합니다. 허민수 셰프는 프릳츠가 매장에서 구현하고자 하는 것은 완제품 커피와 빵만이 아닌, 커피와 빵을 만드는 사람의 모든 것에 가깝다고 말합니다.

"구성원이 활기차게 일하는 모습, 오픈 키친에서 느껴지는 생동감 같은 것들이 저희가 만드는 빵과 커피에 포함된다고 생각해요. 그래서 특유의 활기를 가지려 서로 이야기하며 노력하고 있어요. 남에게 보이든 그렇지 않든 노력하는 거죠."

프린츠가 매장에서 구현하고자 하는 것은 '커피와 빵을 만드는 사람의 모든 것'에 가깝습니다. 구성원이 활기차게 일하는 모습, 현장에서 맛있게 만들어지는 커피와 빵의 현장감 같은 것들이죠. 예를 들면 각 매장에서 파는 빵은 그 매장에서 직접 만듭니다. 빵을 한곳에서 만들어 각 매장으로 보낸다면 인력과 장비 투자 같은 비용을 줄일 수 있지만 프린츠는 그 대신 현장감을 택했죠. 제빵사가 일하는 모습, 그리고 매시간 신선하게 구워낸 빵 냄새를 맡을 수 있는 현장감입니다.

같은 이유로 바리스타가 일하는 모습 역시 프린츠는 그대로 노출합니다. 사실 프린츠의 작업 공간 규모는 다른 카페에 비해 넓은 편이라고 느껴집니다. 작업 공간과 매장이 따로 구분된 원서점을 제외하고 도화점과 양재점은 매장에 들어서는 순간 오픈 키친이 먼저 눈에 띕니다. 오픈 키친이 매장 한가운데를 차지하고 테이블이 그 주변을 채우는 식으로 구성돼 있죠. 더 정확하게 표현하면, 입구에서 가장 접근하기 쉬운 동선에 일하는 사람들의 작업 공간을 마련합니다.

대신 공간에 대한 경계는 없습니다. 작업 공간이 편하게 노출돼 있습니다. 일하는 공간에 손님이 불쑥 들어올 수 있을 정도죠. 김병기 대표의 설명에 따르면 직원이 일하는 모습이 자연스럽게 녹아든다는 느낌이 있는 공간입니다.

그의 말대로 양재점과 도화점에서 볼 수 있는 '바(bar)' 타입의 테이블은 직원이 일하는 공간도 되고 손님이 커피를 마시는 자리도 됩니다. 그래서 바에 앉으면 바리스타가 일하는 모습을 자세히 볼 수 있죠. 매일 틈나는 대로 진행하는 에스프레소 테이스팅(프릳츠의 커피 맛을 맞추는 퀄리티 컨트롤 작업)을 볼 수도 있습니다. 또 바리스타와 손님이 커피를 주제로 자연스럽게 이런저런 대화를 나눌 수도 있는 자리이죠. 커피 애호가라면 꼭 한 번 앉아보길 권하는, 앉아보면 좋을 특별석인 셈입니다.

그럼 사자 커피에서 말하는 두 번째 원칙, 고객 응대 서비스는 어떨까요? 앞에서 설명한 것처럼 프릳츠 내부 원칙에는 '반갑게 인사하기'란 약속이 있습니다. 손님에게 반갑게 인사하는 것은 물론이고, 구성원끼리도 똑같이 인사하자는 약속이죠. 인사는 만남을 기분 좋게 하는 시작입니다. 만남이 반복되고 인사 한마디 더 주고받을 수 있는 사이가 된다면, 그래서 손님의 취향을 기억해줄 수 있는 사이가 된다면, 손님이 그 카페의 단골이 될 거라는 것은 누구나 충분히 예상할 수 있죠.

김병기 대표는 고객에게 친절하다는 것은 직업의 이해도가 높다는 뜻이라고 설명합니다. 이는 구성원이 속해 있는 회사(브랜드)의 가치를 제대로 인식하고 실행한다는 뜻입니다. 또한 자신의 행동이 고객에게 어떤 감정을 전달할지, 이러한 고객 경험이 브랜딩에 어떤 영향을 줄지 알고 있다는 뜻이기도 하죠.

"기술자로서 스스로 판단해보겠죠. 내가 어떻게 하면 매장을 찾은 고객이 더 좋은 경험을 할 수 있을지, 각자의 판단에 맞게 행동하는 거죠. 특정한 응대 기준이 있지는 않지만, 반드시 친절하고 기분 좋은 시간이 되도록 손님을 도와드린다는 대전제는 변함이 없어요. 또 손님의 상황에 공감하려고 노력하고 있고요."

 매장자치제도가 만들어낸 매장별 에디션

프릳츠의 각 매장은 '매장자치제'라는 제도 아래 운영되고 있습니다. 2017년 원서점과 양재점을 연달아 출점하면서 만든 제도입니다. 각 매장이 온전히 자립할 수 있는 형태로 만들어가기 위해서죠. 직원들도 각각의 매장을 돌아가며 일합니다. 직원을 채용할 때부터 '3개 매장에서 근무가 모두 가능한 분'이란 조건이 있습니다. 환경이 다른 각 매장의 특징을 경험하며 일하는 것도 기술자로서는 필요한 일이기 때문입니다.

프린츠의 구조를 짠 허민수 셰프는 매장자치제를 만든 이유를 이렇게 설명합니다.

"조직에서는 결정권을 누가 갖느냐가 꽤 중요한 일인데, 도화점에 있으면서 양재점의 일을 결정하는 게 좋지 않다고 생각했어요. 그래서 각 매장이 자립할 수 있도록 스스로 결정하도록 했죠. 다만 결정권은 구분하고 있어요. 회사 전체가 결정할 일인지, 각 매장이 결정할 일인지, 팀장 또는 직무 담당자가 결정할 일인지 구분하는 거죠. 누구에게 의사결정권을 줄지 결정한 후 직원들에게 잘 설명해 이해시키고 공지하는 방법을 쓰고 있습니다."

매장자치제 덕분에 각 매장은 자신만의 개성을 살려가고 있습니다. 예를 들면 매장별로 선보이는 에디션이 그렇습니다. 햄과 치즈를 넣은 바게트 샌드위치와 팥앙금과 무염 버터를 두툼하게 썰어 넣은 앙버터는 양재점 에디션이죠. 앙버터가 먹고 싶으면 도화점과 원서점이 훨씬 가깝다고 하더라도 양재점으로 가야 합니다.

블렌드 커피 '마음의 양식'은 원서점에서만 판매합니다. 원서점이 입점해 있는 아라리오 뮤지엄과 함께 만든 에디션이라 그렇습니다. 시원하고 달콤한 아이스크림이 들어간 '썸머 시나몬'은 원서점 에디션이며, 바나나가 통으로 들어간 바나나 빵은 도화점 에디션이죠. 한 곳에 만족하지 않고, 모든 매장을 가보고 싶게 만드는 그런 에디션들입니다.

또 프린츠는 특정 빵 1개가 팔리면 개당 500~1000원 정도의 소액을 모아 후원합니다. 후원하는 단체는 매번 다릅니다. 어린이재단부터 굿네이버스, 홀트아동복지회, 한국희귀질환재단, 국경없는의사회 등으로 다양하죠. 후원 역시 매장 자치제도에 의해 운영됩니다. 후원하는 빵의 종류를 지점에서 직접 고르는 방식입니다. 소보로빵을 정한 곳도 있고 파이만주인 곳도 있습니다.

후원하는 이유는 직업이 사회와 밀접하게 연결돼 있다고 믿기 때문입니다. 개인 또는 기업이 직업의 일을 충실히 해내는 것만으로도 사회에 도움을 주거나 반대로 도움을 받을 수도 있다고 생각해서죠. 직업과 사회의 연결이 중요하듯, 지역에서의 역할도 중요하다고 김병기 대표는 말합니다.

"예전에 허민수 셰프가 도화점 근처 꽃집에서 꽃을 사서 매장 앞에 심었어요. 도매시장에 가서 저렴하게 살 수도 있었겠지만 동네에 있는 가게를 서로 애용하는 것도 중요하다고 생각하거든요. 예를 들어 동네의 문방구, 식당, 철물점, 꽃집 등이오."

동네는 이 모든 가게가 함께 살아가는 터전입니다. 터전을 잘 일구려면 서로서로 찾아주는 것이 중요하죠. 프린츠가 정기적으로 물건을 주문하는 슈퍼가 있고, 꽃을 사는 꽃집이 있으며 회사 식당처럼 애용하는 식당이 있는 이유죠. 그래서 프린츠는 매장을 출점하는 주요 기준으로 '부동산이 안정

된 곳'을 꼽습니다. 유동인구가 많은 곳이라든가 뜨고 있는
동네가 출점 기준이 아닙니다. 한곳에서 변함없이 오래 일할
수 있는 곳이 그 기준이라고 김병기 대표는 설명합니다.

"커피 추출도 그렇지만 빵 역시 계절과 온도, 습도가 반죽
에 영향을 미쳐요. 음식을 만드는 일, 그리고 일하는 방식에
서도 공간은 많은 영향을 줘요. 사계절을 온전히 한 번 경험
해야 일이 익숙해지고, 그걸 자연스럽게 반복해내는 것이
저희 일이에요. 그런데 공간을 자주 옮기면 저희가 원하는
성취에 도달하는 일이 점점 힘들어지겠죠. 그래서 안정적으
로 오래 일할 수 있는 조건이 저희에겐 중요해요. 목이 좋으
면 비싸기만 하죠(웃음). 핫한 지역 이런 것보다는 저희가 매
력이 있으면, 손님들이 찾아와주실 거라고 믿어요."

'안정적으로 오래 일할 수 있는 조건'이란 프릳츠의 목적
이 '생존'에 있다는 것을 실감하게 합니다. 삶을 지속하는
것만큼 중요한 것은 없기 때문입니다. 그래서 함께 일하는
사람과 함께 일하는 법은 프릳츠에게 중요합니다. 결국 같이
일하는 사람은 프릳츠의 성장 동력입니다. 프릳츠가 다음 매
장을 생각하는 이유도 '같이 일하는 사람'에 있죠.

"시간은 흐르고 구성원은 자연스럽게 나이를 먹거든요.
나이를 먹어감에 따라 삶의 모양도 달라지고, 그때마다 필
요한 것이 생겨요. 예를 들면 최근에 6개월 육아휴직을 다녀
온 바리스타가 있으세요. 그분이 부재한 동안 그 자리에서

일해주실 동료가 또 필요하고, 육아휴직을 한 바리스타가 6개월 뒤에 돌아올 자리도 필요하죠. 회사가 구성원의 삶의 속도에 자연스럽게 맞추다 보면, 그게 출점의 형태가 되지 않을까 생각해요."

출점의 주요 조건 역시 한곳에서 안정적으로 오래 일할 수 있는 환경입니다. 좋은 조건을 주는 곳이라면, 해외라도 가능합니다. 프릳츠의 다음 매장이 어디에 어떤 모습으로 등장할지, 10년 뒤 혹은 30년 뒤의 프릳츠는 어떤 브랜드가 되어 있을지 자못 궁금합니다.

고객이 느끼는 브랜드 경험

브랜드 경험이란 공간 등 구체적인 자극을 통한 브랜드 아이덴티티를 고객이 경험할 때 생기는 주관적 기억과 반응입니다. 서비스 브랜딩은 고객이 브랜드를 '경험'할 때, 고객이 브랜드가 가진 진정한 의미를 알게 되고, 이것이 브랜드 자산에 직접적인 영향을 준다는 뜻입니다. 아래 질문을 읽고 고객에게 진정한 브랜드 경험을 전해줄 수 있는 서비스 기업의 브랜딩 요소는 무엇인지 생각해보세요. 또한 고객 경험을 위해 조직 구성원이 어떻게 협업할 수 있는지 고민해보시기 바랍니다.

1. 공간을 통해 전달하고 싶은 브랜드의 메시지는 무엇입니까?

2. 브랜드 경험으로서의 과감한 차별화는 무엇입니까?

**3. 무엇으로 유명해지고 싶고,
   어떠한 명성을 쌓기를 원합니까?**

4. 고객과 감성적인 관계를 구축하는 방식은 무엇입니까?

**5. 브랜드 경험을 조직 구성원에게 '체질화' 시키기 위한
   노력은 무엇입니까?**

팬덤은
본질에서

어떤 카페를 경험한다는 것은 무척 즐거운 일입니다. 예를 들어 스타벅스에서 할 수 있는 경험은 세계 어디에 있는 스타벅스라 해도 늘 가던 곳처럼 마음 편하게 해준다는 점입니다. 쾌적한 공간에서 종일 수다를 떨거나, 책을 읽어도 누구도 뭐라 하지 않을 것 같은 서비스를 꾸준히 실행한다는 믿음이 있습니다.

블루보틀은 매장 어디에 아무렇게나 카메라를 들이대도 사진이 잘 나올 것 같은 공간이 주는 즐거움이 있습니다. 푸른 병의 로고가 박힌 컵이나 봉투를 들고 다니면 커피 좀 아는 사람처럼 보일 것 같다는 만족감을 주기도 하죠. 거기다 마이클 필립스처럼 세계적인 바리스타가 내 커피를 핸드드립 해주기라도 한다면, 최고의 커피를 대접받았다는 기분도 생기겠죠.

🌸 프린츠라는 공간

　프린츠는 스타벅스와 블루보틀이 잘 섞여 있다는 느낌입니다. 코리안 빈티지로 꾸며진 공간은 마음을 편안하게 해줍니다. 동시에 젊은 사람들에게는 힙하게 느껴질 빈티지 감성이며 나이가 좀 있다면 그 옛날 추억의 공간을 떠올릴 수 있죠. 특히 같은 콘셉트 아래 각자 조금씩 다른 시대별 코리안 빈티지를 선보이는 매장들은 유니크한 멋을 가지고 있습니다. 각 매장을 찾아가는 즐거움이 있죠.

　상냥한 직원을 만나는 것도 기분 좋은 일입니다. 매장의 작업 공간은 오픈돼 있어 바리스타와 대화할 기회도 많습니다. 타이밍이 맞으면 에스프레소 테이스팅에 참여할 수도 있고요. 이 모든 것이 바로 프린츠에서 여러분이 할 수 있는 경험입니다. 원한다면 커피의 세상이 열릴 수 있는 곳이 바로 프린츠인 셈입니다.

　실제로 프린츠와 친해진다는 것은 커피를 본격적으로 즐

긴다는 뜻이기도 합니다. 그렇다고 어려워할 것은 없습니다. 커피 맛은 많이 마셔보며 조금씩 알아가는 것이니까요. 물론 아무 생각 없이 꿀꺽꿀꺽 마셔버려도 좋습니다만, 이때 약간의 디테일은 필요합니다. 지금 마신 커피가 어느 농장에서 왔고 어떤 맛을 주로 가졌는지 슬쩍 알아두는 정도의 디테일입니다.

커피 맛을 설명하는 프릳츠의 '커피 좌표 카드'는 그 디테일을 만족시켜주는 경험입니다. 싱글 오리진 커피를 시키면, 바리스타는 커피와 함께 좌표 카드를 건네주죠.

커피 좌표 카드에는 그 커피에 대한 모든 정보가 있습니다. 내가 마시는 커피 한 잔이 과테말라에 있는 라바날레스(Rabanales) 농장의 '라바날레스 티피카(Rabanales Typica)' 원두라는 걸 알 수 있습니다. 이곳의 농장주는 라파엘 벤추라(Rafael Ventura)군요.

카드에는 라바날레스 티피카를 대표하는 커피 맛의 단어(테이스팅 노트)도 적혀 있죠. '패션 프룻, 마멀레이드, 밸런스가 좋은 커피'입니다. 마시면서 이 맛이 느껴지는지 생각해볼 수 있죠. 그리고 카드 아래쪽에는 메모를 할 수 있는 빈칸이 있습니다. 원한다면 그 칸에 자신의 느낌을 적어둘 수 있습니다.

만약 커피를 마실 때마다 이 커피 좌표 카드에 메모한다면 어떨까요? 자신이 특별히 좋아하는 맛이 무엇인지 알 수 있을 겁니다. 반대로 잘 맞지 않는 커피도 구분할 수 있게 되죠. 또 커피를 마실수록 좌표 카드도 늘어나게 됩니다. 이때는 프릳츠에서 파는 바인더인 '수집생활'에 좌표 카드를 모을 수 있습니다.

미국 LA에서 카일 글랜빌(Kyle Glanville)과 함께 G&B와 Go Get Em Tiger(GGET)를 운영하는 바리스타 찰스 바빈스키(Charles Babinski)가 마음에 들어 했던 그 수집생활입니다. 그는 김병기 대표의 허락을 받아 자신의 카페에서 수집생활을 구현했다고 하죠.

김병기 대표는 커피 좌표 카드가 맛을 구분하게 된 소비자를 위한 카드라고 설명합니다.

"500년간 이어진 카페의 역사 동안 커피가 주인공이었던 적이 단 한 번도 없어요. 공간의 역할이 두드러지고 그곳에 오가는 사람들의 이야기가 주인공이었죠. 커피는 자양강장제 정도로 인식되다 최근에야 주목받기 시작했죠. 그런 와중에 여기가 세계 최고의 농장이고 이게 훌륭한 커피라고 설명한다고 해서 그 깊이가 바로 받아들여질 것 같진 않았어요. 커피 좌표 카드는 그래서 만들었어요. 인생에서 커피를 3잔만 마셔본 사람은 커피 맛이 '상중하'로 나뉘겠지만, 많이 마신 사람은 좌표를 찍을 수 있죠. 그런데 상중하로 맛을 구별하면 품질이 좋다 나쁘다는 것으로 판단되는 것 같아서, 좌우를 판단하는 좌표라고 하는 게 맞을 것 같아요."

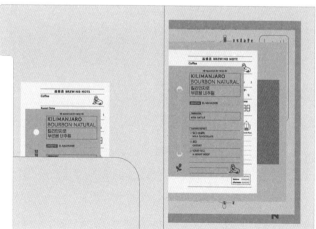

▲커피 좌표 카드와 이를 모을 수 있는 수집생활

 **내 취향을 찾는 경험**

　그럼에도 불구하고 커피는 어렵습니다. 공정이 까다롭기는 와인과 맞먹지만, 문화는 더디게 발전해왔죠. 김병기 대표는 산업은 물론이고 문화의 한 자리를 차지한 와인과 달리 커피는 산업으로 보는 경향이 더 강하다고 설명합니다. 예전부터 커피는 얼마나 많은 양을 더 저렴하게 가져올 것인지가 더 중요한 이슈였다는 겁니다.

　실제로 커피는 전 세계적으로 원유와 철광석 다음으로 물동량(物動量)이 많은 품목입니다. 커피 최대 생산국은 브라질, 베트남, 콜롬비아, 인도네시아, 온두라스 순인데, 세계 커피 소비량 상위를 차지하는 국가는 유럽연합, 미국, 일본 순[1]입니다. 생산지에서도 소비가 이뤄지는 와인과 달리, 생산지와 소비지가 다른 대표적인 품목이 바로 커피입니다. 게다가 커피가 주로 재배되는 커피 벨트(Coffee Belt, 커피 재배에 적당한 기후와 토양을 가지고 있는 지역)는 상대적으로 경제 발전이 더딘 국가가 많습니다. 역사 속 커피가 수탈의 대상이었던 배경이죠. 또 현대에 이르러서는 많이 사는 사람에게 더 싸게 파는 경제 원리가 적용됐습니다.

....

1 ICO(Internaruonal Coffee Organization) Data, 2019.10

미국스페셜티커피협회[2](SCAA, Specialty Coffee Association of America)가 발족하게 된 몇 가지 이유 중 하나도 커피 수입량과 관계가 있다고 합니다. 대기업이 아닌 중소 수입업자들이 모여 인기 높은 중남미의 고품질 콩을 수입하기 위해 결성한 조직이죠. 생두가 생산지에서 한꺼번에 대량 정제 처리된 후 수송 컨테이너 대당 가격으로 거래하는 상품이었기 때문입니다.

그중에서도 한국의 커피 문화가 더디게 발전한 것은 커피나 맥주, 와인 같은 서구의 음식문화가 국내에 늦게 들어온 이유도 있습니다. 일제강점기에 이어 한국전쟁을 거치며 먹고사는 생존이 삶의 전부였던 한국인에게 미식은 곧 사치였다는 것을 쉽게 짐작할 수 있죠. 그래서 한국의 커피 문화는 지금에야 부지런히 달려가는 참입니다.

커피를 마시는 사람은 많지만, 커피를 즐기는 문화는 지금부터일지도 모릅니다.

김병기 대표는 이 커피가 왜 훌륭한지 천천히 설명해야 하는 과정이 지금이라고 생각합니다. 나쁜 커피, 착한 커피를 말하는 게 아닙니다. "너 커피에 설탕 넣어 먹어? 커피 잘 모르는구나"라며 가르치려는 것도 아니고요. 그저 천천히 호감을 느낄 수 있도록, 손님에게 설명할 기회를 얻고 싶다는

....

2 현재는 1982년 설립된 SCAA와 1988년에 설립된 유럽스페셜티커피(SCAE)가 통합한 스페셜티커피협회(SCA, Specialty Coffee Association)가 2017년 1월부터 활동하고 있다.

겁니다.

김병기 대표가 테이스팅할 때 단골손님에게도 커피를 권하고 설명하는 이유이기도 하겠죠.

"원래 손님이 계시면 함께 해요. 어차피 저희는 마셔봐야 하고, 손님도 같이 마시며 맛이 달라지는 과정을 느껴보시면 좋을 것 같아서요. 손님들도 좋아하시고요."

같은 자리에서 다른 커피를 비교해서 맛보는 것만큼 커피 맛의 차이를 구분하기 좋은 방법도 없죠. 어제 먹은 맛있는 커피와 오늘 마신 커피를 비교하는 것은 어려운 일이니까요. 바리스타이자 영국 런던의 스퀘어마일 커피 로스터스 공동대표인 제임스 호프만은 한 번에 한 가지 커피만 테이스팅하게 되면 비교할 대상이 없을뿐더러 이전에 마셔본 커피 맛에 대한 어렴풋한 기억에 의존하기 때문에 정확한 테이스팅을 할 수 없다고 설명합니다.

더 특별한 경험을 원한다면 바리스타에게 조언을 구하는 것도 좋습니다. 김병기 대표는 커피에 관해 손님에게 설명하는 일은 바리스타라면 누구나 지니고 있는 자세라고 말합니다. 프릳츠의 바리스타는 물론이고, 커피를 만드는 바리스타 대부분이 비슷할 거라는 이야기입니다.

"음식 만드는 사람이 그렇잖아요. 맛있는 거 있으면 주변 사람에게 먹여주고 싶은 마음이오. 준비 잘된 것을 손님에게 드리고 싶고 설명도 해주고 싶은 그런 마음이오."

프린츠에서 김병기 대표를 만나는 우연보다 더 빠르고 확실한 방법이 있습니다. 프린츠의 여러 가지 커피를 함께 맛보고 내 취향의 커피를 확인할 수 있는 클래스 '퍼블릭 커핑'에 참여하는 겁니다. 김병기 대표는 안타깝게도 커피는 배워야 하는 측면이 분명히 있다고 말합니다.

"어떤 것이 훌륭한 깨끗함이고, 훌륭한 단맛이며 훌륭한 산미인지 배워야 알 수 있어요. 교육을 받으면 훨씬 더 잘 느낄 수 있죠."

퍼블릭 커핑은 커피의 향과 맛의 특성을 감별할 때 쓰는 방법인 커핑이 처음인 사람의 수준에 맞춘 클래스입니다. 수업은 프린츠가 새로 볶은 6~7개의 커피를 비교해 마셔보며 이야기를 나눕니다. 김병기 대표의 설명에 따르면 '테이스팅하고 취향을 찾는 시간'입니다.

클래스 중에는 '퍼블릭 브루잉'도 있습니다. 집에서도 프린츠 커피를 맛있게 내려 먹을 수 있는 법을 배우는 시간이죠. 퍼블릭 브루잉과 퍼블릭 커핑의 수업 비용은 따로 없습니다. 다만 퍼블릭 커핑은 인원 제한이 없고 퍼블릭 브루잉은 미리 신청해야 합니다.

퍼블릭 브루잉을 통해 집에서도 커피를 맛있게 내려 먹는 법을 간단히 배우셨다면, 프린츠의 원두 구독 프로그램인 '커피클럽'을 신청해도 좋습니다. 싱글 오리진과 블렌드 커피 중에 프린츠가 선별한 커피 한 가지를 매주 월요일마다

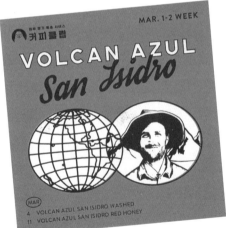

▲프릳츠의 커피를 정기 배송하는 커피클럽 프로그램

집으로 배송받을 수 있죠.

커피를 전문적으로 배우고 싶은 사람에게는 한 달에 1번, 8회 수업으로 진행되는 '커핑 클래스'가 제격입니다. 생두를 구매하는 그린빈 바이어부터 로스터, 바리스타까지, 자신이 만든 결과물을 맛으로 확인할 수 있어야 하므로 커핑은 매우 중요한 작업이라고 하네요. 커핑 클래스에서는 커핑에 관련한 거의 모든 것을 배울 수 있습니다.

SNS를 통해 만나는 프릳츠의 동료들

퍼블릭 커핑과 퍼블릭 브루잉이 언제 어디서 열리는지, 어느 지점에서 어떤 에디션이 나왔는지, 이번 달 보내주는 커피클럽 원두는 무엇인지, 모두 프릳츠 SNS에서 볼 수 있습니다.

SNS에는 이같이 따끈한 '소식' 말고도 흥미로운 콘텐츠가 꽤 많습니다. 그중 재미있는 것은 프릳츠가 거래하는 커피 농장과 농부의 이야기를 담은 '다이렉트 트레이드' 코너입니다.

커피 품질을 위해 투자를 아끼지 않는 코스타리카 볼칸 아술 농장의 젊은 농부 알레호, 좋은 커피체리를 수확하기 위해 피커의 임금을 올리는가 하면 꼼꼼한 품질 관리로 유명

▲프릳츠 SNS에 게시된 퍼블릭 커핑과 퍼블릭 브루잉 소식

해 세계 유수의 로스터리에서 그녀의 커피를 가져가려고 한다는 엘살바도르 킬리만자로 농장의 아이다 바트예, 끊임없는 배움으로 매해 성장하는 콜롬비아 타마나 농장의 돈 엘리아스의 이야기를 읽어볼 수 있는 코너입니다.

프릳츠는 산지의 농부 역시 함께 일하는 동료라고 생각합니다. 농부가 자기 일에 최선을 다하듯 프릳츠 역시 일에 최선을 다한다는 개념의 '동료'입니다. 이는 고객에게도 유익한 정보입니다. 일단 어디의 누가 어떻게 만든 커피를 내가 먹고 있는지 알 수 있습니다. 마트에서 과일 하나만 사려고 해도 농장과 가공 방식, 그리고 생산자 정보가 공개되는 것과 같은 이치라고 김병기 대표는 말합니다. 생산이력제(traceability) 같은 겁니다.

투명한 정보는 식자재의 신뢰로 이어지고, 브랜드의 신뢰가 되기도 하죠. 신뢰는 맛으로도 이어집니다. 정보를 아는 소비자는 커피를 더 소중히 다룰 것이고 맛을 더 음미하게 될 테니까요. 게다가 커피 농장의 농부들도 프릳츠 SNS에 자신들의 이야기가 소개되는 것을 즐거워한다고 하네요. 농부의 얼굴과 이름, 그리고 농장을 걸고 자신의 작업을 전 세계에 소개하는 일이기 때문일 겁니다.

프릳츠 SNS에서 또 다른 인기 코너는 '잘되어가시나' 인터뷰입니다. 프릳츠에서 일하는 구성원들의 인터뷰이죠. 마땅히 인터뷰에 나올 법한 사람이 아니라, 소소하게 삶을 이어가는 내 주변 사람의 이야기라 더 정겹고 공감이 가죠. 그래서 매장에서 주문하다 만난 적 있거나 지나가다 마주친 직원의 인터뷰가 나오면 더 반갑고 친근한 감정이 듭니다. 정현중 제빵사를 발견하면 '아, 이분의 꿈은 우주 제빵사구나, 응원하고 싶다!'라든가 공일복 바리스타가 주문을 받을 때는 '내성적인 분이 가게에서는 쾌활하려고 노력하시는구나, 장하다'라는 생각이 드는 겁니다.

'잘되어가시나'가 흥미로운 또 다른 이유는 직장인의 고민과 기술자의 삶을 고스란히 보여준다는 점입니다. 코너 제목처럼 우선 '잘되어가는지'를 묻는 것부터 시작하는 이 인터뷰는 '기술자로서 중요하게 여기는 것' '이 직업을 선택한 이유' '프릳츠는 어떤 곳인가?' '직업인으로서의 고민과 목표' '본인은 어떤 사람인가?' 등을 묻습니다.

이 질문에 대한 구성원의 대답이 무척 재미있습니다. 누구보다 일에 진지하고 함께 일하는 상대를 배려하며, 각자의 방식으로 고민하고 노력하며 살아가는 대답들이죠. 그리고 무엇보다 자신이 몸담은 공동체를 소중하게 여긴다는 것이 느껴집니다. 그래서 더 공감이 가고, 더 울림이 큽니다.

프릳츠의 사람들을 실물로 볼 수 있는 세미나도 있습니다. SNS보다 더 가깝게, 매장에서보다 더 친근하게 만날 수 있는 자리이죠. 프릳츠의 김병기 대표와 허민수 셰프, 그리고 푸드 콘텐츠 디렉터인 김혜준컴퍼니의 김혜준 대표 셋이서

한 달에 1번 여는 세미나 '날 보러와요'는 직업과 삶에 관해 이야기를 하는 자리입니다. '지속가능성' '경쟁' '동기부여' '직업' '기술자란 무엇인가?' '우선순위' '손님의 취향, 나의 취향'에 대한 것이죠.

생생한 산지 이야기를 들을 수 있는 세미나 '걸어서 산지속으로'도 있습니다. 로스터 김도현과 바리스타 박근하와 김병기 대표가 번갈아 강연자로 등장합니다. 이렇게 손님들도 자연스럽게 프릳츠의 '동료'가 됩니다.

팬덤을 만드는 브랜드 개성

최근 시장조사에서는 '대체'가 가능한 모든 것을 경쟁자로 규정하고 조사합니다. 산업의 경계가 허물어지는 빅블러(Big Blur)의 시대이기도 하지만, 품질로 우위를 가리기 어렵기 때문이기도 하죠. 이럴 때일수록, 브랜드 개성은 중요합니다. 브랜드 개성은 고객이 브랜드를 생각할 때 연상되는 이미지를 말하는데요. 특히, 개성은 취향의 공동체를 만들어 고객과의 관계를 구축하는 데 매우 용이하죠.

하지만 브랜드 고유의 매력이 개성으로 드러나기 위해서는 브랜드 철학, 비전, 미션, 가치 등 브랜드 스스로의 내면에 대한 이해가 없이 외면에 드러나는 개성을 구현할 수 있는 고유의 방식을 갖기란 어렵습니다. 그래서 브랜드의 개성을 쉽게 탐색해볼 수 있는 방법을 몇 가지 소개합니다.

1. 브랜드를 의인화해 생각해보세요.

◆ 이 브랜드는 어떤 사람입니까?

◆ 이 브랜드가 먹고 마시고 노는 스타일은 어떻습니까?

2. 의인화한 브랜드가 좋아하는 취향을
   최대한 더 많이 찾아보세요.

   ◆ 이 브랜드와 친해지는 방법은 무엇입니까?

   ◆ 어떤 장르의 영화와 음악을 좋아할 것 같습니까?

3. 브랜드와 잘 어울리는 다른 브랜드를 찾아보세요.

   ◆ 이 브랜드의 물건 옆에는 어떤 브랜드의 물건이 어울립니까?

**존중과 공생,
프린츠의 생존법**

    결과는 목표를 달성하는 것이 아니라, 목표를 달성한 이후의 변화가 결과이고, 성과는 숫자적인 목표 달성이 아니라 의미 있는 변화를 만들어내는 것을 말합니다. 그런 의미에서 프린츠는 적어도 바리스타, 제빵사라는 직업을 가진 사람들에게 의미 있는 변화를 만들어내고 있는 듯 보입니다. '걱정 마, 좋아하는 일을 평생 하면서도 잘 먹고살 수 있을 거야' 하고 말이죠.

    5년 차의 작은 커피 컴퍼니가 어떻게 이런 성과를 만들어내는 걸까요. 브랜드 철학을 바탕으로 단단한 공동체 의식을 가지고 미션을 실행하고 있는 프릳츠의 내면에는 '진심과 생존'이 깔려 있습니다. 최근 기업의 화두는 지속가능한 성장인데요. 지속가능함은 결국 프릳츠가 착실히 해오고 있는 '진심과 생존'의 가치에 담겨 있는 것은 아닐까요.

🌸 한국의 커피

　한국 사람이라면 블루보틀이 성수동에 문을 열었다는 사실을 대부분 알고 있을 것입니다. 개업 전날 자정부터 줄을 선 사람이 많았고 이에 대한 기사도 쏟아졌죠. 사람이 많은 시간대에는 40~50여 명이 대기한다는 이야기도 있었습니다. 심지어 '블루보틀 눈치게임'이라는 인스타그램의 한 계정에서는 날짜와 시간별로 블루보틀 각 지점의 대기 인원과 예상 대기 시간을 난이도로 알려주더군요.

　1999년 국내 1호점을 연 스타벅스도 같은 모습이었을까요? 1호점 스타벅스에도 사람이 참 많았습니다. 친구들과 만나는 약속 장소는 주로 스타벅스였고, 일행 중에 먼저 도착하는 사람이 좋은 자리를 선점해주곤 했죠. 이전에 먹어보지 못했던 여러 종류의 커피를 마시는 즐거움도 스타벅스를 찾는 이유였습니다.

　그럼에도 스타벅스 1호점에서 커피를 주문하느라 1시간

을 기다려본 사람은 없을 것입니다. 커피를 마시기 위해 1시간 줄을 선다는 것 자체가 낯설었던 시절이었습니다. 아주 단순한 비교이긴 하지만, 20여 년이 지난 지금 커피를 좋아하는 사람이 더 많아졌다는 뜻이 아닐까요?

현실은 숫자가 증명합니다. 현대경제연구원에서 발표한 보고서 '커피 산업의 5가지 트렌드 변화와 전망'(2019년 7월)에 따르면 "국내 커피 산업을 매출액 기준으로 평가한 결과 2016년 약 5.9조 원에서 2018년 약 6.8조 원까지 성장한 것으로 분석"하고 있습니다. 특히 보고서는 국내 커피 소매시장이 커피전문점을 중심으로 확대되고 있다고 말하고 있습니다. 국내 커피전문점 시장은 2016년 약 3.5조 원에서 2018년 약 4.3조 원까지 확대되면서 국내 커피 산업의 시장 규모 확대를 주도하고 있다는 것입니다. 또한, 국내 커피 산업이 2023년 약 8.6조 원 규모로 성장할 것이라고 내다보고 있습니다.

사실 이런 숫자를 군이 내세우지 않더라도 직감할 수 있습니다. 우리는 블루보틀에 줄을 서서 커피를 마시고 있으니까요. 블루보틀은 '고품질'을 전면에 내세웁니다. 와이파이도 되지 않고 콘센트도 없지만, 질 좋은 원두를 확보하고 로스팅을 직접 하는 블루보틀에 사람들은 열광합니다. 또 바리스타가 정성껏 내린 스페셜티 핸드드립 커피를 마시기 위해 오랜 시간을 인내하죠.

브랜드 유명세도 한몫했을 겁니다. 유명하다고 하니 나도 한번 가보자는 심리가 생기는 거죠. 그런데 그것조차 소비자에게는 경험입니다. 좋은 품질의 커피를 맛봤다는 만족스러운 경험입니다. 게다가 한번 좋은 맛을 알게 되면, 입맛은 다시 내려오지 않죠. 어떤 맛, 어떤 공간이 좋다고 느낀 사람은 반복해서 그 브랜드를 찾을 확률이 높습니다. 여기에 서비스까지 만족스럽다면? 소비자는 그 브랜드를 '평생 사랑하는 브랜드'로 점찍겠죠.

물론 성인 1인의 연간 커피 소비량 숫자에는 커피믹스의 비중이 큽니다. 그건 그것대로 한국의 특징입니다. 원두커피보다 인스턴트커피가 1950년대에 주한미군에 의해 국내에 먼저 들어온 것도 이유일 테고요. 이후 1976년 설탕과 프림 그리고 커피 파우더의 비율을 잘 맞춰 만든 동서식품의 일회용 커피믹스가 세계 최초로 등장했죠. 동서식품이 개발한 파우더 타입의 식물성 크리머를 칭한 브랜드 '프리마'가 '프림'이 되었는데, 당시 인스턴트커피를 맛있게 타는 법칙에는 프림이 꼭 들어갔습니다. 커피와 설탕과 프림을 1:1:2 같은 방식으로 배합하는 법칙이죠. 1980년대 커피가 대중화되며 인스턴트커피의 배합을 어떤 비율로 할지에 대한 화제 역시 사람들 사이에 자주 오갔습니다.

김병기 대표는 인스턴트커피에 대해 이렇게 말합니다.

"한국의 커피믹스 기술은 전 세계에서 배우고 싶어 한다고 들었어요. 한국은 훌륭한 인스턴트커피를 오래 경험해왔기 때문에 카페나 다방에서 직접 내려주는 커피 문화가 많지 않았던 것 같아요."

커피믹스의 기술만이 아니라 높은 품질의 원두커피를 내놓는 카페도 최근엔 많아졌습니다. 한국인 바리스타의 활약이 돋보이는 뉴스도 종종 눈에 띕니다. 블루보틀이 해외 매장을 처음 연 일본에 이어 두 번째로 한국에 매장을 연다는 것, 블루보틀 오픈 첫날 매장 앞에 줄을 선 사람들 역시 한국 시장의 가능성을 보여주는 사례이겠죠. 좋은 품질의 커피를 기대하는 소비자가 준비 중인 시대이자 이제 우리도 커피 맛을 논할 수 있는 때에 접어든 것이라고 말입니다.

블루보틀의 바리스타 트레이닝부터 카페 운영 등의 역할을 맡아온 커피 문화 디렉터 마이클 필립스는 국내 매체와의 인터뷰에서 블루보틀이 일본에 이어 한국에 문을 연 이유를 이렇게 말하더군요.

"커피 문화에 대한 한국인의 열정과 높은 수준이 한국을 선택하기에 충분한 이유입니다. 수년간 미국과 일본의 블루보틀에서 만났던 정말 멋진 손님 중 다수가 한국인이었습니다."

생각해보면 '월드바리스타챔피언십'이 한국에서 최초로 열린 것은 2017년입니다. 스페셜티커피협회에 의해 설립된 월드 커피 이벤트(World Coffee Events)가 주최하는 대회로 우리에게도 익숙한 폴 바셋, 찰스 바빈스키 같은 바리스타를 배출한 대회이죠. 그리고 2년 뒤인 2019년 월드바리스타챔피언십에서 한국의 전주연 바리스타가 우승을 차지했습니다. 참으로 한국답달까요, 세계의 유수한 브랜드의 커피와 비교해도 손색이 없을 정도로 한국의 커피는 빠르게 성장하고 있습니다.

지속가능성을 위한 공유 문화

빠르게 성장하는 한국의 커피 시장에서 잠재력을 가진 브랜드로 프릳츠를 꼽는 데 주저하지 않는 이유는, 프릳츠가 가진 지속가능성 때문입니다. 최고 품질의 맛을 위해 산지와 직접 거래해 엄선한 원두로 로스팅하는 점, 좋은 원재료로 맛있는 커피와 빵을 매일 성실히 만드는 점, 그리고 손님을 대하는 진정성을 강조하는 부분이 그렇죠. 또한 프릳츠가 지향하는 공유와 협업의 문화도 지속가능성과 닿아 있습니다.

단어 그대로, 프릳츠는 공유와 협업하는 문화를 지향합니다. 일단 레시피나 노하우를 특별히 숨기지 않습니다. 블렌드 커피의 경우 농장과 품종, 그리고 원두가 섞인 비율까지 자세히 표기합니다. 싱글 오리진 커피의 이력은 숨김없이 알려주고 농장 주인까지 소개하죠. 매장에서 판매하는 '프릳츠 교본'에는 빵 레시피가 공개돼 있습니다. 김병기 대표는 레시피가 특별한 비법이라고 생각하지 않는다고 말합니다.

"저희가 열심히 하고 있다면 그걸로 충분해요. 저희의 노하우는 오히려 다른 데 있는 것 같아요. 같이 일하는 법을 배우는 것에 훨씬 큰 방점이 찍혀 있어요."

프린츠 커피를 거래하는 카페에도 노하우를 아낌없이 공개합니다. 카페를 방문해 퀄리티 컨트롤을 해주죠. 일종의 '솔루션'이라고 김병기 대표는 표현합니다. 즉 프린츠 커피를 납품받는다는 것은 솔루션까지 포함한 것을 뜻합니다. 프린츠 커피를 쓰는 카페에서도 커피가 맛있게 나가길 바라기 때문이죠. 레시피는 공개하고 기술은 공유하면서도, 김병기 대표는 이렇게 말합니다.

"손님에게 사랑받아야 살아남는 세상이라, 저희에게 야망이 있다면 그건 생존이에요."

생존과 공유란 단어를 나란히 두는 것이 어색하다고 여기는 분도 있을 겁니다. 더 낯익게 느껴지는 단어의 조합은 아마도 생존과 경쟁일 겁니다. 우리는 남보다 빨리, 남보다 더 잘해야 살아남는다는 정서 속에 살아가기 때문입니다. 김병기 대표는 웃으며 말합니다.

"먹고사는 게 힘들어서 그런 거죠. 저희도 사실 그렇고요. 하지만 공유하고 교류하는 과정에서 오는 고유의 즐거움이 있어요. 그 결과물이 좋을 수도 있겠지만, 기술자로서 저를 풍성하게 만드는 측면도 분명히 있어요. 또 제가 진지하게 이일에 임하고, 일을 즐겁게 오래 할 수 있고 새로운 영감을 받으며 할 수 있는 데에 협업이 무척 중요한 역할을 해요. 그래서 공유나 협업은 같이 일하는 법을 배우는 프린츠의 철학과 닿아 있어요."

수제 맥주는 물론이고 치킨, 그리고 미슐랭 2스타를 받은 레스토랑까지 어우러지는 프린츠의 통통 튀는 협업과 대인배 같은 마음으로 레시피를 공유해버리는 공유 철학은 더 나은 혹은 더 오랜 '생존'을 위한 방법인 겁니다.

이런 점은 최근 커피로 핫한 호주 멜버른의 커피 문화와도 비슷합니다. 커피는 물론이고 먹고 마시는 음식문화 자체가 대단한 곳이라고 김병기 대표는 멜버른을 설명합니다. 멜버른의 커피 문화는 커피 생산자, 그리고 지역사회와의 관계를 중요시합니다. 다양한 인종이 살고 있어 다양한 문화를 존중하는 것도 특징이죠. 멜버른의 커피 문화를 말할 때 빼놓을 수 없는 인물도 있습니다. 이곳에 스페셜티 커피 제3의 물결을 일으켰다고 평가받는 마크 던든(Mark Dundon)입니다. 카페 세인트 알리(ST. Ali)를 비롯해 3개 브랜드를 창업하고 성공시켰으며, 동시에 바리스타와 로스터를 키워내 지역에서 자립할 수 있도록 지도해온 사람이기도 합니다.

멜버른의 커피 문화를 잘 보여주는 또 다른 사례는 임대 로스터 사업을 하는 뷰록스 컬렉티브(Bureaux collective)[1]입

1 브루타스(BRUTUS)(NO. 885, 2019년 1월) 'おいしいコーヒーの教科書(맛있는 커피의 교과서)' 특집.

니다. 카페 세인트 알리에서 일한 적 있는 팀 윌리엄스(Tim Williams)가 동료 팀 바니(Tim Varney)와 함께 시작한 뷰록스 컬렉티브는 카페를 운영하고 싶은 사람을 위해 로스터기를 시간 단위로 임대합니다. 비싼 돈을 들여 로스터기를 사지 않아도 자신만의 로스팅 방법으로 카페를 운영할 수 있죠.

또 공유 로스터기에는 소프트웨어가 탑재돼 있어 데이터가 기록됩니다. 데이터는 오픈 소스입니다. 누구에게나 공유되죠. 사람들은 레시피를 공유한다고 해서 불안해하지 않습니다. 레시피가 같다고 똑같은 비즈니스를 하는 것이 아니라는 것을 이해하고 있기 때문입니다. 또한 그들은 정보를 공유하는 것이 로스터와 바리스타의 수준을 높여준다고 말합니다. 만드는 사람, 마시는 사람의 수준이 높아지면 문화는 더욱더 깊어지리라 짐작할 수 있습니다.

이처럼 멜버른의 커피 문화는 경쟁하면서도 공유하는 '공생'을 보여줍니다. 이겨서 혼자 살아남는 경쟁이었다면, 멜버른의 커피 문화는 이렇게 성장하지도 않았겠죠. 프릳츠 역시 공생을 강조합니다. 남과 다른 것을 존중하는 공생, 모두 함께 잘되는 공생입니다.

브랜드 스펙트럼으로 보는 프릳츠

프릳츠 브랜드의 시작은 '한국에서 빵과 커피를 만들며 잘살 수 있을까?' 라는 질문에서 출발합니다. 프릳츠 창업주들은 자신들의 커피와 빵에 대한 철학을 기반으로, 직원과 고객들에게 보여주고 싶은 세상을 내면적으로 잘 이해하고 있습니다. 그만큼 현실 세계에서 부딪히는 자신에 대해 깊이 고민하고, 끊임없이 실험하며, 최선의 방향을 찾는 노력을 게을리하지 않았다는 방증이기도 하죠. 이런 프릳츠의 철학이 비전, 미션, 가치, 신뢰 등의 키워드를 통해 구체화되면서, 구성원이 이해하고 실행할 수 있는 원칙이 됩니다. 아래는 이를 기반으로 브랜드 스펙트럼으로 프릳츠를 설명한 것입니다.

브랜드 철학(Brand Philosophy)

프릳츠의 브랜드 철학을 한 문장으로 정리하자면, 기술자로 함께 성장하며 잘 먹고 잘살 수 있는 공동체입니다. '기술자로 함께 성장'이라는 단어에는 제품에 대한 무한 책임의식이 담겨 있고, '잘 먹고 잘사는 공동체'에는 구성원의 태도가 담겨 있죠. 거대하거나 모호한 철학보다, 구성원 모두의 고개가 끄덕여지는 철학을 만들어야 좋은 실행을 만들 수 있습니다.

1. 브랜드 비전(Brand Vision)

비전은 구성원들이 만들어내는 세상을 말합니다. 프릳츠는 한국적인 커피와 빵으로 사람들의 마음을 사로잡는 것을 브랜드 비전으로 삼고 있습니다. 그래서 한국적인 맛을 찾고, 한국적인 스타일로 소개하는 것을 매우 중요하게 생각하죠.

2. 브랜드 미션(Brand Mission)

미션은 철학과 비전을 바탕으로 실행할 수 있는 가이드를 잡는 것입니다. 프릳츠의 브랜드 미션은 기술자(직업인)의 자부심에서 나옵니다. 그래서 빵과 커피를 만들 때 필요한 '모든 일'에 대해 성장하는 것을 미션으로 삼고 있습니다.

3. 브랜드 가치(Brand Value)

프릳츠의 가치는 구성원에 있습니다. 서비스업은 구성원이 곧 브랜드가 되는 경우가 많은데요. 프릳츠의 경우는 태도와 결이 같은 사람을 뽑고 자발적으로 일하는 분위기를 만들며 그 가치를 키웁니다. 작은 커피 회사에서는 결코 쉽지 않은 복지제도와 교육, '지각하지 않기' 같은 누구나 지킬 수 있는 사소한 룰을 으뜸으로 생각하는 태도는 구성원과의 관계를, 매일 하는 퀄리티 컨트롤과 제빵일지를 작성하는 것은 기술인(직업인)으로서 자부심을 키우는 것입니다. 삶은 공존이, 직업 태도는 자발성과 공유와 협업 문화가, 사람에겐 신뢰와 존중이 바탕이 되는 것이죠.

4. 브랜드 신뢰(Brand Promise)

이런 태도로 일하는 사람들이 만들어낸 빵과 커피는 신뢰할 수밖에 없지 않을까요? 또 프릳츠는 커피를 즐기는 문화를 만드는 데도 앞장섭니다. 고객을 대상으로 커핑 클래스를 운영하기도 하고 다양한 세미나를 열기도 하죠. 교육하는 사람들도 프릳츠 구성원입니다.

5. 브랜드 성격(Brand Personality)

브랜드 성격은 개성이라고도 표현할 수 있는데요. 프릳츠의 개성은 '한국스럽다'입니다. 커피와 빵은 물론 공간과 굿즈까지 코리아 빈티지 콘셉트를 자연스럽게 녹여내고 있습니다. 주방을 오픈해 구성원이 일하는 모습을 그대로 보여주는 것도 구성원을 중요하게 생각하는 프릳츠의 개성이 드러나는 대목이죠.

6. 브랜드 경험(Brand Experience)

'어떻게 하면 우리의 브랜드를 고객에게 경험시킬 수 있을까' 하는 부분은 최근 많은 기업이 주목하고 있는 부분입니다. 프릳츠는 커피 클래스를 열고, 커피 좌표 카드를 만들거나, 제빵 교본을 굿즈로 만드는 등 업의 본질을 고객과 즐기는 콘텐츠로 브랜드 경험을 만들고 있습니다.

Brand Identity

Vision
자신의 업(業)을 통해
사람들에게 보여주고 싶은 이상

Mission
조직 구성원이 철학과 비전을 실현하기 위한 방법

Internal Branding

Value
미션 수행을 위한 의사결정과 행동규범

Brand Experience

Promise
제품과 서비스에서 고객이
기대할 수 있는 것을 명시

External Branding

Personality
고객의 머릿속에 있는 브랜드와 관련된 연상

Brand Image

Experience
의도적인 특정한 자극을 통한
고객의 주관적이며 내재적인 반응

▲프린츠 브랜드 스펙트럼

[Epilogue]
당신의 일은 잘되어가시나요?

일본에 '데모시카킷사(でもしか喫茶)'라는 말이 돌던 때가 있었다고 합니다. 암 유전자학과 미생물학 박사이자 '커피 오타쿠'인 탄베 유키히로가 쓴 《커피 세계사》(황소자리, 2018)에는 1970년대 킷사텐(喫茶店) 열풍 이야기가 나옵니다. 퇴직을 앞두거나 퇴사를 생각하는 회사원들이 주로 하던 말이었다고 하죠. "킷사텐이라도(でも, 데모) 차려볼까?" 혹은 "킷사텐 밖에(しか, 시카) 할 게 없어"의 '데모시카'입니다.

이때는 배전 회사가 로스팅한 원두와 장비 그리고 컨설팅까지 영업에 필요한 모든 것을 지원해주는 일도 많았다고 합니다. 덕분일까요, 특별한 기술이 없던 샐러리맨들이 회사를 그만두고 킷사텐을 차렸고, 1970년대부터 늘어난 킷사텐은 1981년 기준 전국 15만 개를 넘어섰다고 탄베 유키히로는 말합니다.

얼마 전까지의 우리 모습과도 꽤 닮아 있지 않나요? 지금의 모습이라고 해도 별 무리가 없어 보입니다. 물론 동시대 안에서도 다른 양상은 보입니다. "카페나 차려볼까?"라고 가볍게 말하는 사람도 있고, 동시에 커피라는 음료가 얼마나 까다롭고 어려운 과정을 거쳐 만들어지는지 아는 사람도 늘고 있죠.

1970년대 킷사텐 이야기를 마저 해보면, 우후죽순 생겨난 킷사텐이 지금과 같은 기품을 갖추게 된 계기는 '경쟁'에 있었습니다. 많고 많은 킷사텐 중에 살아남기 위해 커피 맛에 승부수를 띄운 것이죠. 추출 기술을 연마하던 노력은 자연스레 자가 배전으로 이어졌죠.

이 무렵 일본에 수입되던 저품질 커피를 로스팅과 추출로 살려보려던 노력이 '강배전'으로 이어진 측면이 있다고 탄베 유키히로는 말합니다. 경쟁으로 시작해 정성과 시간이 걸리는 저온 숙성의 에이징 커피, 넬드립, 더치커피 같은 커피 문화를 만들어간 것입니다.

그런 면에서 최근 들려오는 몇몇 킷사텐의 폐점 소식은 커피 애호가를 안타깝게 만듭니다. 1975년에 창업해 2013년 12월에 문을 닫은 도쿄 미나미아오야마의 다이보커피점(大坊珈琲店)이 그랬고, 1946년부터 2019년 3월까지 영업한 아사쿠사의 카페 안젤라스(アンヂェラス)가 그렇습니다. 1979년 창업한 니시도쿄의 쿠스노키(くすの樹)가 2019년 4월 15일에 문을 닫는다는 소식이 알려지자 손님들이 줄을 서서 이곳을 찾은 것도 그런 마음일 거라 여겨집니다.

누군가는 킷사텐의 폐점이 새로운 커피의 물결을 일으킨 스페셜티 커피 탓이 아니냐고 물을 수도 있을 듯합니다. 그럴 수도 있고 아닐 수도 있겠죠. 다만 이런 해석도 있습니다. 스타벅스 같은 거대 체인점에 밀렸던 킷사텐이 다시 주목받은 계기는 오히려 스페셜티 커피 덕분이라는 겁니다. 커피의 매력을 알게 된 젊은 사람들이 킷사텐을 다시 보게 됐다는 거죠.

실제로 젊은 사람들의 노력으로 다시 문을 연 킷사텐도 있습니다. 도쿄 다이토구 야나카에서 1938년에 오픈한 카야바(カヤバ) 기피입니다. 아버지에게 물려받은 가게를 '카야바 커피'로 영업하던 딸 카야바 사치코가 사망하며 2006년 문을 닫았던 카야바 커피는, 마을공동체와 지역단체의 도움으로 새 주인을 만나 2009년 9월 다시 문을 열었습니다.

안타까워하며 몇몇 킷사텐의 폐점에 관해 이야기 나누던 김병기 대표는 이렇게 말했습니다.

"킷사텐만의 고유한 매력이 있으니까 마냥 사라지거나 하진 않을 것 같아요. 사실 커피를 내리는 기술을 가진 마스터의 연령대가 높아지면서 일하기 힘들어진 측면도 생겼다고 느껴져요. 그런 와중에 젊은 사람들은 킷사텐의 커피 기술을 이어받기보다 스페셜티 커피를 선택하는 경우가 늘어난 거고요."

김병기 대표와의 대화는 '다양성에 대한 존중'으로 이어졌습니다. 스페셜티 커피는 맞고 다른 커피는 틀렸다는 게 아니라 스페셜티 커피도 있고 다른 커피도 있는 '커피의 다양성'입니다.

"선배들이 쌓아온 문화가 있고 그것에 기반해 저희가 새로운 것을 할 수 있는 거죠. 저희가 쌓으면 다음에 누가 또 새로운 걸 할 테고요. 선배님들에 대한, 다른 커피에 대한 존중이 필요하다고 생각해요."

제빵도 마찬가지입니다. 허민수 셰프는 이렇게 말합니다.

"제빵을 예로 들면, 사실 저희가 할 수 있는 일은 한정적이에요. 대신 저희보다 큰 업체는 원료 생산부터 더 많은 일을 할 수 있어요. 그분들이 더 적극적으로 어떤 대표 빵을 만들어 대중에게 알리면, 저희도 그 빵을 팔 기회가 생기는 거죠. 대기업이 할 수 있는 일, 저희 같은 작은 회사가 할 수 있는 일이 따로 있는 거죠."

문화는 단기간에 생기지 않습니다. 오랜 세월 쌓아가는 것이죠. 그 세월 안에서 경쟁하고 종류가 다양해지며 깊이도 생깁니다. 가깝게는 일본의 커피 문화가 그래왔듯이 말입니다. 시작은 가벼울 수 있습니다. 재미나 흥미로 시작할 수도 있죠. 다만 알고 나면 쉬운 일이라는 게 별로 없죠. 어려움에 봉착하고 문제를 극복하기 위해 이리저리 부딪히게 되죠. 그렇게 점차 자리를 잡아가게 됩니다.

이런 일련의 과정이 바로 인간의 삶입니다. 그 안에 공생이 있습니다. 공생한다는 것은, 부정할 수 없는 '경쟁'입니다. 동시에 서로에 대한 존중입니다. 경쟁해서 '무(無)'로 사라지는 것이 아니라, 서로 존중하는 태도로 경쟁하고 살아가는 겁니다.

　김병기 대표는 "존중하고 존중받으며 일하고 싶다"라고 말했습니다. 어떤 주제를 던져도 프릳츠와의 대화의 끝은, 마치 도돌이표가 붙은 돌림노래처럼 언제나 일을 대하는 태도와 상대를 존중하는 태도로 끝납니다. 그리고 그 마지막에는 스스로 질문을 던지게 되죠. 나는 어땠는가? 내 일은 잘되어가고 있는가?

　그 질문에 대한 답을 고민하다가 문득 못내 마음에 걸렸던 것은, 소비자가 생각보다 저렴하고 쉽게 누리는 '커피와 빵' 또는 '카페'라는 공간이었습니다. 비단 커피만의 이야기가 아니라고 느꼈던 것이겠죠. 노동력이 점점 가치를 잃고 빛이 바래진 시대에 살고 있어서일까요? 노동의 가치, 노동으로 인해 얻는 대가의 적정 수준이 어디일지 답을 내릴 수 없는 고민의 늪에 빠지기 쉬운 시대입니다.

　그 답은 지금 당장 알 수 없을 것이고, 누군가 뚝딱 만들어서 내어주는 것도 아니겠죠. 너무나도 식상한 말이지만, 일하는 사람들이 애쓰며 만들어가야 하는 미래일 겁니다.

　그래서 프릳츠가 말하는 '일을 대하는 진지한 태도'에 공감이 갔습니다. 상대를 존중하는 일의 방식을 만들어나가는 그들의 용기가 대단하고 부러웠습니다. 때문에 프릳츠가 SNS에 공개하는 구성원의 일과 삶의 이야기를 다룬 '잘되어가시나' 인터뷰는 더욱 눈을 뗄 수 없었습니다.

그중 기억에 남는 글이 있습니다. '기술자로서 중요하게 여기는 것이 무엇인지'를 묻는 말에 대한 허민수 셰프의 대답입니다.

"성실함과 인내를 꼽겠다. 다소 진부한 단어지만 우리의 일은 오늘과 내일이 크게 다르지 않다. 나의 역량 또한 마음과는 다르게 더디 발전한다. 그럼에도 매일 더 나은 결과를 구체적으로 그리며, 느리지만 잘 가고 있다는 믿음이 나를 이끌어준다.

새벽 다섯 시 십 분, 오늘 할 일을 머릿속에 그려보는 것, 그릴 수 있는 변수들과 대처들, 동료들과 맞춰갈 공정들, 아름다운 결과물. 그리고 하루하루가 거의 비슷한 이 과정들을 더 섬세하고 완전히 해낼 수 있게. 매일을 새것처럼 맞이할 수 있게."

이제 당신에게 질문을 드리려 합니다.

"당신의 일은, 잘되어가시나요?"

프릳츠에서 일하는 사람들

    프릳츠는 말합니다. "일이 자기 삶에 큰 의미가 있는 사람, 일에 최선을 다하는 사람, 함께 일하는 동료를 존중하는 사람과 일하고 싶다"라고요. 이유는 간단합니다. 내가 선택한 직업으로, 오래오래 먹고 살기 위해서입니다. 그 지속성은 '사람'에게 있다는 걸 믿기에, 그래서 비슷한 사람과 일하고 싶다고 말하는 것이죠.

    그래서 프릳츠의 구성원들을 만나봤습니다. 회사의 지향점에 공감하는지, 정말 비슷한 사람들인지 궁금했기 때문입니다. 4명의 구성원을 만나 프릳츠에서 어떻게 일하는지, 일은 어떤 의미인지, 일에 대한 고민은 무엇인지, 함께 일하는 동료는 어떤 의미인지를 직접 물어봤습니다.

    그 결과, 공교롭게도 너무 비슷한 사람들이라 놀랐습니다. 개성도 성격도 다르지만, 일에 대한 진지한 태도, 동료를 생각하는 마음이 무척 닮아 있었습니다. 대화할수록 '함께 일하면 좋겠다'는 생각이 들게 하는 사람들입니다. 동시에 자신을 돌아보게 만듭니다. 다른 사람에게 '나는 함께 일하고 싶은 사람일까'라고 말이죠.

아마도 프린츠의 매력은 여기에 있는 것 같습니다. '함께 하고 싶은 마음'이 들게 만드는 것입니다. 동기부여가 잘된 사람들의 공동체에 속해 열심히 일해보고 싶게 만드는 인간 적인 매력에 푹 빠지는 것이죠. 여기라면 나도 존중받고 존 중하며 일에 몰입할 수 있다고 상상하게 만드는, 사람 중심 의 회사라고 말입니다.

[이 성 희 제 빵 사 / 프 린 츠 2017년 6월 입 사]

▌Q. 어떻게 프린츠 구성원이 되었나요?

처음에 저는 프린츠의 손님이었어요. 제빵사를 한 지 4년 정도 됐던 때였고, 우연히 지인을 따라 프린츠에 오게 됐어 요. 잘 진열된 빵이 보기 좋았고, 먹어 보니 심지어 맛있었 죠. 빵이 과하지 않은 것도 좋았어요. 개성은 있으면서 기본 에 충실한 빵이라고 생각했어요.

빵뿐만 아니라 매장도, 프린츠 사람들도 좋았어요. 나무로 된 바닥은 옛날 초등학교 교실 같은 분위기가 들어 정감이 갔고, 공간을 채우는 사람들은 활기차고 팀워크가 단단해 보였어요.

사실, 프린츠에 들어와서 제일 처음 보는 사람이 바리스타 잖아요. 서로 웃는 얼굴로 이야기하고 기분 좋게 일하는 모 습이 인상적이었어요. 저도 이 무리에 속해서 같이 웃으며 일하고 싶다고 생각했어요. 그런 마음 때문인지 저는 프릳츠를 자주 찾는 팬이 되었죠.

Q. 손님으로 시작했다가 직원이 된 거군요?

프릳츠를 알게 된 후로 계속 관심이 갔어요. 그러던 와중에 이직을 생각한 때가 있었어요. 마침 프릳츠에서도 직원을 뽑는다는 공지가 떴죠. 지원했는데, 떨어졌어요(웃음). 그런데도 프릳츠에 관한 관심을 지울 수가 없었어요. 아시겠지만, 프릳츠는 고객을 위한 행사를 많이 하는 편이에요. 저는 '날 보러와요' 같은 세미나를 들으러 종종 프릳츠를 찾았어요. 그런데 행사장에서 만난 허민수 셰프님과 김병기 대표님이 저를 기억해주셨고, 이런저런 이야기를 함께 나눌 수 있었죠. 셰프님은 제게 "그때 떨어져서 아쉬웠다, 기회가 되면 같이 일하자"고 말씀하셨죠. 그럴수록 저는 프릳츠가 더 좋아졌어요. 첫 지원에서 떨어진 후 1년 정도 지나자 다시 직원 모집 공지가 떴고, 또 지원했어요. 결국, 두 번째 지원에서 당당히 붙었습니다. 2017년 5월 입사해 프릳츠의 제빵사로 일하고 있죠. 그런데 저 같은 케이스가 의외로 많아요. 최근에 입사한 구성원은 대부분 프릳츠의 팬에서 시작한 분이 많다고 알고 있어요. 물론 이력서에 한 줄 넣기 위한 '멘트'인 경우도 있겠지만요(웃음). 어쨌든 이런 분들이 구성원으로 들어오면 일도 적극적이라 시너지가 더 좋은 것 같아요. 프린츠라는 브랜드를 이해하고 있는 것도 장점이죠. 저희 입장에서는 신입을 가르치는 과정이 훨씬 수월하거든요.

Q. 두 번째 지원이 첫 번째와 다른 점이 있다면 뭐라고 생각하세요?

돌이켜 보면 처음보다 두 번째가 더 간절했던 거 같아요. 저는 프린츠를 꽤 '애정'하고 있었고, 이곳을 자주 찾을수록 '정말로, 여기서 사람들과 같이 일하고 싶다'는 생각이 강해졌거든요. 이런 점을 더 어필하지 않았을까요.

Q. 신입 사원 교육은 어떻게 진행되나요?

입사하면 신입 사원 교육과 함께 이론 교육을 받아요. 저같은 경우, 면접도 두 번이나 볼 정도로 프린츠에 관한 애정과 기대치가 무척 높았잖아요. 그래서 신입 사원 교육을 받을 때는 '아, 되게 좋은 회사구나' '복지도 좋고, 다 좋구나'라며 행복하기만 했어요(웃음). 그런데 이론 교육에서 멘탈이 나갔죠. 내가 아는 게 별로 없다는 걸 절실히 깨달았어요. '여태껏 빵을 만든다면서 수박 겉만 핥았구나'라고요. 갈 길이 멀다고 생각했던 기억이 나요.

Q. 프린츠에서 일하면서 바뀐 점이 있나요?

원래 제빵이란 주관적이고 감각적인 일이에요. 주관적이

라고 말하는 이유는, 어떤 하나의 빵의 형태를 두고도 내가 보는 빵의 형태와 다른 사람이 보는 형태가 다르기 때문이에요. 누군가는 이 빵을 괜찮다고 말하고, 누군가의 기준에는 아니라고 할 수도 있어요. 수치화할 수 없는, 눈으로 보고 판단하는 감각이죠. 그런데 프린츠는 빵을 객관적으로 수치화하는 작업에 상당한 노력을 들여요. 반죽으로 예를 들면, 제빵사는 일정한 온도를 맞추기 위해서 겨울에는 따뜻한 물로 반죽하고 여름에는 찬물로 반죽해요. 이게 주관적이고 감각적인 방법이라면 프린츠는 모든 과정을 온도계로 측정해요. 실내 온도는 물론이고 물의 온도와 발효 온도, 그리고 빵 온도까지 일정하게 맞추려고 노력해요. 그리고 반죽이 돌아가는 시간까지 모두 맞추고 확인해요. 사실 그전에는 해오지 않던 작업이라 불편한 게 사실이에요. 눈으로 확인하고, 감각적으로 판단하는 일이었는데 온도를 일일이 적고 시간을 기록하며 수치대로 작업하니, 늘 해오던 일이어도 불편할 수밖에 없는 거죠.

　게다가 공부도 따로 해야 하죠. 처음 입사한 사람은 회사에서 추천하는 책을 모두 읽고 공부해요. 주관적인 감각을 객관적으로 만들기 위한 작업이죠. 재미있는 것은 공부하고 노력해서 적응하자, 제빵 작업을 남에게도 설명할 수 있게 됐다는 거예요. 사실 그전에는 빵을 만드는 법을 경험으로 알고 있지만, 이론으로 설명하기 어려웠거든요. 그런데 지금은 설명이 가능해요. 특히 동료와 이야기하며 공유할 수 있죠. 프린츠에서 일하며 바뀐 점은 동료와 빵에 관한 접점이 같아지는 걸 경험하고 있다는 거예요. 그래서 더 나은 지점으로 성장한다고 느껴요. "오늘보다 더 좋은 빵을 내일 만들어야 하지 않겠냐"는 허민수 셰프님의 말대로 되는 것 같아요.

Q. 공부도 하고 빵도 만들고, 일과가 만만치 않을 것 같아요. 출근은 몇 시에 하세요?

도화점 출근은 6시 반까지예요. 사실 도착하자마자 바로 일을 시작하진 않아요. 가장 먼저 하는 일은, 오늘 어떻게 일할 건지 각자의 목표를 정하는 거예요. 목표를 정한 후, 정신을 차립니다(웃음). 기지개를 켜고 스트레칭도 해요. 쫓기듯 일을 시작하는 게 아니라 몸과 정신을 깨운 상태에서 일을 시작하기 위해서요. 그 후에 각자 파트별로 일을 시작하죠. 반죽하는 사람, 오븐으로 구워내는 사람, 빵의 모양을 만드는 사람, 페이스트리 작업하는 사람, 크림을 만드는 등의 재료 준비를 하는 사람으로 나눠서 작업해요.

Q. 그럼 첫 빵은 몇 시에 나오는 건가요?

처음 나오는 빵은 스콘이에요. 반죽해서 스콘 모양으로 자르고 오븐에 넣고 구워내죠. 그럼 오전 7시 반에 첫 빵인 스콘이 나와요. 매장 오픈은 오전 8시인데, 그전까지 스콘을 시작으로 산딸기 크루아상, 오렌지 뱅오쇼콜라, 햄&치즈, 블루베리 파이, 사과 파이 등의 빵을 만들어서 세팅해요. 바게트처럼 발효 시간이 필요한 빵은 그 후에 작업하고요. 크루아상 같은 경우는 오전에 한 번 굽고, 오후에도 한 번 더 구워요. 그 작업까지 하고 나면 오후 2시~2시 반 정도가 되죠. 이후 작업 마무리를 하면 오후 3시 반 정도가 되는데 그때가 9시간 근무를 마치는 시간이에요.

Q. 쉬운 직업은 없다지만, 제빵사 역시 만만한 것 같지는 않네요.

완성된 빵에는 만든 사람의 마음이 전해진다고 생각해요. 기분 좋은 마음으로 열심히 그리고 잘 만들면, 그 결과가 빵에 드러나요. 반대로 그냥 손에 익은 대로, 늘 하던 대로 만들면 그것 역시 빵에 고스란히 드러나죠. 그래서 저는 기분 좋게 작업하려고 매일 노력하고 있어요. 계속 생각하며 일해야 하는 이유이죠. 사실 매일 똑같은 작업을 반복하는 일이라, 지겨울 수도 있어요. 그 안에서 조금씩 변하는 걸 느끼는 사람도 있고, 아닌 사람도 있겠죠. 저는 변화를 느끼고, 변화를 만들려고 노력하는 사람 같아요. 그리고 저는 일이 재미있어요. 같이 재미있게 일하고 싶어서 동료에게도 '재미있다'는 말을 자주 하고요. 어차피 제가 선택한 일이잖아요. 전 계속 빵을 만들어야 하고, 그렇다면 즐기면서 만들고 싶어요. 심지어 빵은 나의 노력의 결과를 그날 바로 알려주죠. 어제 부족했던 부분을 계속 생각하며 오늘 빵을 만들면, 더 나은 빵이 나와요. 그럼 정말 기분이 좋아요.

Q. '맛있다'는 손님 말을 들으면 기분 좋겠어요.

항상 그런 건 아닌데, 제빵사들이 막 나온 빵을 진열할 때가 가끔 있어요. 그때 손님들이 빵을 보며 '와' 하고 감탄하면, 엄청 뿌듯하죠. 속으로 '제가 만들었어요'라고 생각하면서요(웃음). "어떤 빵이 맛있어요?"라고 물어보는 손님도 종종 있어요. 그럼 전 자신 있게 이렇게 말해요. "다 맛있으니까, 어떤 빵을 골라도 맛있습니다!"

Q. 프릳츠는 직급은 없지만, 직책은 있잖아요. 혹시 직책을 맡아본 적이 있나요?

도화점 제빵 팀은 2개인데, 그중 한 팀에서 팀장을 맡고 있어요. 프릳츠는 입사한 지 1년이 지나면 누구나 팀장에 지원할 수 있거든요. 팀장은 지원한 사람 중에서 사다리를 타거나 하는 식으로 뽑아요(웃음). 큰 의미를 두지 않고 운으로 뽑죠. 상당히 공정하죠? 저도 사다리를 타서 팀장이 됐습니다. 2019년 7월부터 1년간 팀장을 하게 됐어요.

Q. 팀장에 지원한 이유가 있나요?

사실 팀장을 하면 혜택이 조금 있어요. 업무 외 시간이 더 주어지고, 월급도 조금 더 받아요. 이런 혜택도 물론 좋지만 (웃음), 경험 차원에서 배우는 부분도 있겠다고 생각해서 지원했어요. 저도 언젠가는 제 가게를 할 수 있으니까요. 리더를 맡아야 할 그날을 위해서 미리 경험하는 거죠. 물론 팀장 일이 쉽지는 않다고 느껴요. 사실 프린츠의 팀장은 반장 같은 거예요. 구성원과 이사진 사이에서 의견을 전달하는 거죠. 제가 의견을 잘 취합하고 잘 전달해야 하는데, 이런 일이 처음이라 아직도 배우는 중인 것 같아요. 사람들의 의견을 잘 모으는 것도 쉬운 일이 아니더라고요. 괜히 반성도 하고 그래요. '옛날에 팀장에게 더 적극적으로 의견을 줄걸' '더 참여해볼걸' 이러면서요. 나중에 팀장에서 구성원으로 돌아가면 팀장에게 잘해줘야겠다고 생각 중이에요(웃음).

Q. 팀장을 하며 동료를 더 잘 알게 될 것 같은데요.

아무래도 제가 먼저 말을 걸어야 하니까요. 말도 제가 더 많이 하게 되고요. 그래서 '어떻게 말을 걸까' 하고 생각하게 돼요. 사람마다 성격이 다르고, 어떻게 말을 하느냐에 따라 상대가 받아들이는 것도 다르니까요. 이게 정말 어려운 것 같아요. 그래도 해보길 잘했다고 생각해요. 어쨌든 배워가는 과정이니까요. 진짜 리더가 될 그날을 위해서요(웃음).

Q. 같이 일하는 사람에게 어떤 동료가 되고 싶나요?

일로 만난 동료이든, 지인 관계이든 저는 상대에게 '편한 사람'이 되고 싶어요. 부담스럽지 않고 꺼려지지도 않으며 맡은 역할에 맞게 각자의 일을 해나갈 수 있는 사람이요. 왜 '저 사람이랑 일하면 걱정이 없어, 같이 일하고 싶어'라고 생각하는 사람이 있잖아요. 일하면서 남에게 폐를 끼치기는 싫으니까요.

Q. 비슷한 말을 하는 사람이 프릳츠에는 유독 많아요. 서로 그런 존재가 되도록 노력하는 것 같은데요.

업무에 관해서는 서로 노력한다는 신뢰가 이미 있는 것 같아요. 내가 도와줄 수 있는 업무가 있다면 그것도 자발적으로 해나가고 있고요. 그래서 이제는 '사람'을 보게 되는 것 같아요. 프릳츠의 사람들은 각자 캐릭터가 있고 개성도 다 뚜렷하죠. 그런 사람들이 모여서 시너지를 내는 곳이에요. 또 각자의 개성을 존중해주죠. 매장을 쓱 봐도 모두 다르다는 게 느껴지잖아요. 그래서 더 멋있는 것 같아요.

Q. 프릳츠는 직원 복지와 사내 프로그램이 좋기로 유명하잖아요. 자주 이용하는 프로그램이 있나요?

'프카(프릳츠 카)'요. 회사 차를 빌려주는 프로그램이에요. 저는 차가 없어서, 멀리 놀러 갈 때나 차가 필요한 일이 있으면 회사 차를 빌려 써요. 정말 편리해요. 경쟁률이 조금 치열하지만(웃음), 그래도 웬만하면 신청해서 쓸 수 있어요.

Q. 직원 복지 중에 더 바라는 게 있다면요?

사실 저는 제빵 일을 하면서 이만큼 많은 혜택을 받아본 게 처음이에요. 그래서 만족하고 있어요. 사내 프로그램에서 더 바랄 건 없고, 월급이나 올랐으면 합니다. 그게 제일 큰 복지죠(웃음).

Q. 앞으로 목표가 있나요?

셰프님에게 더 많은 빵을 배우고 싶어요. 빵을 넘어서 운영의 부분까지 전부 배우고 싶어요. 사실, 셰프님 것은 다 배우고 싶어요(웃음). 그럼 셰프님은 이렇게 대답하세요. "내가 해줄 수 있는 게 그런 것밖에 없다"고요. 셰프님은 원래 배우려고 하는 사람에게 더 많은 걸 알려주시는 분이에요. 어떻게 보면 제 앞날까지 걱정해주는 상사죠. 저를 생각해주는 말들 덕분에 제가 관심을 받고 있다는 느낌을 충분히 받아요. 그래서인지 해가 지날수록 상사와 직원 이상의 관계가 쌓이는 것 같아요. 저도 나중에 셰프님 같은 사람이 되어서 제가 받은 만큼 다른 사람에게 나누고 싶어요. 제가 계속 성장한다면, 제 목표의 마지막 단계는 제 가게를 여는 일이라고 생각해요. 그래서 여기서 하나라도 더 배우고 싶은 마음이 커요. 원래는 제 가게를 여는 시기도 정확하게 정했는데, 얼마 전 결혼을 하고 아이가 생겨서 조금 많이 미뤘습니다(웃음).

[김종석 바리스타 / 프릳츠 2016년 12월 입사]

Q. 바리스타는 어떻게 하게 되었어요?

TV를 보다가 우연히 유럽에서 활동하는 나이 많은 바리스타 이야기를 접했어요. 카페를 운영하고 있었는데, 자식에게 직업을 물려주려는 모습이 멋있어 보였어요. 나도 나중에 커서 내 직업을 자식에게 물려주고 싶다는 생각이 들었고, 그러다 보니 자연스레 바리스타라는 직업에 관심을 가지게 되었어요.

Q. 한국에서 바리스타는 안정적인 직업은 아닌 것 같은데, 대를 이어 하고 싶다는 말이 인상적이네요.

맞는 말이죠. 지금 생각해 보면, 그때는 커피 세계에 발을 담그기 전이었고, 나이도 어렸고, 그냥 멋있어 보여서 좋았던 것 같아요. 근데 막상 바리스타가 되어 보니 사회적으로 안정적인 대우도, 끊임없이 기술을 연마하기도 어려운 것 같아요. 현실이 확 와닿죠. 그래도 쉽게 포기하고 싶진 않아요. 내가 그 일을 좋아하니까요. 프릳츠에서 일하면서 여기서 더 기술자로서 성장해서 나만의 기술을 가진 바리스타가 된다면 그것도 불가능한 것은 아니라고 생각하게 됐어요.

Q. 프릳츠의 어떤 점이 그런 생각을 하게 만들었나요?

함께 일하는 동료들이오. 프릳츠는 동기부여가 잘된 사람들이 많아요. 아니, 대부분이라고 해도 과언이 아니에요. 자기 일에 열정이 있고 자부심도 대단해요. 그런 모습을 보면 저도 자극을 받아서 더 기술을 연마해 좋은 커피를 손님에게 제공하고 싶어지죠. 그렇게 일에 진심을 다하면 한국 사회도 커피를 대하는 문화가 달라지지 않을까요. 그럼, 바리스타에 대한 처우도 조금 더 좋아지고요.

Q. 동기부여가 잘된 동료와 일한다는 건 어떤 기분인지 궁금합니다.

저는 프릳츠에 입사하고 싶었던 이유가 두 개 있었어요. 첫째는 동기부여가 잘된 동료들과 일하고 싶다는 것과 둘째로는 바리스타로 성장하고 싶다는 마음이었어요. 프릳츠에서 일해보니 동료들에게서 배우는 점이 많아요. 동기부여가 잘된 동료들은 자발적으로 행동하고 열정이 넘치죠. 또 노력도 게을리하지 않아요. 이런 모습을 보면 자극을 받게 되고 열심히 일하고 싶어지죠. 때론 함께 일하는 게 자랑스럽

기도 하고요. 또 잘하는 동료를 보며 나의 수준을 가늠하기
도 하고, 부족한 점을 개선하려고 노력하죠. 그리고 저희는
현장에서 일어나는 여러 문제들을 바로 현장에서 함께 해결
하거든요. 이 과정에서도 배우는 것이 있죠.

Q. 한편으론 모두가 열심히 일하면, 때론 힘들 때도 있을 것 같아요. 일이라는 게, 날마다 열정을 다하긴 힘들잖아요.

물론이죠. 하루에도 여러 가지 이유로 기분이 변하니까요.
또 지치기도 하고요. 그런데 그럴 때도 동료들이 힘이 돼요.
저희 사내 프로그램 중에 '칭찬해'라는 프로그램이 있는데
요, 한 달에 두 번씩 팀에서 한 명, 회사에서 한 명을 정해 칭
찬표를 주는 거예요. 그리고 칭찬표 1개당 1만 원의 금일봉
이 전달되죠. 근데 이 프로그램이 잘하는 동료만 칭찬하는
건 아니에요. 평소 응원이 필요하다고 느낀 동료에게도 칭
찬표를 주죠. 제가 힘들 때, 힘든 걸 알아봐주고 응원해주는
동료들이 옆에 있다는 건, 정말 엄청난 위로가 돼요. 그래서
저도 동료들에게 힘이 되는 사람이 되고 싶어요.

Q. 그래도 굳이 힘든 점을 꼽자면 무엇이 있을까요?

프릳츠 커피 바에서는 정해진 룰이 없어요. 서로가 서로
의 일을 보면서 필요한 부분을 채워가죠. 예를 들면, 누가 계
산대를 잡으면 다른 사람이 옆에서 빵을 썰고, 누군가 커피

를 내리고 있으면 알아서 설거지를 하죠. 매장에 빵이 떨어지면 채워놓고요. 누가 시키지 않아도 알아서 역할을 찾아 일하죠. 이 과정에서 일하는 방식이 다르면 오해가 생겨 힘들 때도 있죠.

Q. 내부 커뮤니케이션이 더 힘들죠. 외부 커뮤니케이션은 포장이라도 할 수 있는데, 내부는 그것도 안 통하니 말이에요. 그런 문제가 발생하면 어떻게 해결해요?

일에 자부심이 있다는 건, 각자의 신념, 믿음이 있는 거예요. 그리고 자기만의 일하는 방식이 있다는 말과 같죠. 그래서 일의 방식이 조금 다를 수 있어요. 예를 들어 행주를 네모로 접는 사람이 있을 수 있고 세모로 접는 사람이 있을 수 있어요. 내가 생각하는 과정과 결과가 다른 사람들이 생각하는 과정, 결과와 다를 수 있는 거죠. 그런데 왜 그렇게 했는지에 대한 답은 거의 동일해요. 더 좋게, 더 잘하고 싶은 거예요. '왜'라는 질문에 집중하다 보면, 다른 방식으로 일하는 동료들을 쉽게 이해할 수 있어요.

Q. 소통하는 게 정말 쉽지 않는 것 같아요. 노력해도 잘 풀리지 않는 경우는 없었나요?

내년엔 제가 팀장을 맡게 됐어요. 그런 일이 거의 없지만, 아주 없는 건 아니라서 고민하고 있어요. 전 말주변이 없어서 오해가 큰 문제를 대화로 잘 풀 수 있을까, 내가 잘할 수 있을까 하는 걱정이 들어요. 아직 뾰족한 답을 찾진 못했지만, 상호존중이라는 단어를 마음에 담아놨어요. 그리고 무엇보다 제가 믿는 건, 든든한 동료들의 마음이에요. 서로가 서로를 돕고 싶어 하는 그 마음이오.

Q. 바리스타가 되기 전에 축구를 했다고 들었어요. 지금의 일과 연관성이 있을까요?

초등학교 때부터 축구를 했어요. 그때는 미래에 국가대표가 돼서 유명한 선수가 될 줄 알았죠(웃음). 지금의 일은 축구와 크게 다르지 않는 것 같아요. 축구는 정해진 시간 내에 22명의 선수가 공 하나를 지켜보는 스포츠죠. 공과 동료의 움직임을 계속 주시하며 재빨리 백업하듯 움직여야 하는 운동이에요.

프린츠도 마찬가지예요. 평소 일하는 동료의 방식을 관찰했다가 현장에서 바로 백업하듯 일을 해야 물 흐르듯 운영이 되죠. 또 축구는 동료가 한 발짝 더 움직이면 모두가 한 발짝 더 움직여야 경기가 돌아가요. 또 반대로 동료가 한 발짝 더 움직이면 지친 동료가 한 번 더 쉴 수 있죠. 그게 팀워크이고요. 프린츠의 커피 바도 마찬가지죠. 그래서 저는 제가 조금 더 많이 움직이려고 해요. 그렇게 일하는 것이 왠지 모르게 뿌듯해요.

Q. 인터뷰 내내 동료애가 느껴져 부럽네요. 종석 님에게 프린츠는 어떤 회사인가요?

대표님들이 '우리는 같은 방향을 보고 걸어가는 사람들이다' 라는 말을 자주 하세요. 저는 이 말이 회사 같아요. 같은 방향을 보고 걸어가는 사람들이 모여 서로를 성장시키는 곳. 제가 생각하는 프린츠죠. 내가 성장하면 동료도 성장하고 나와 동료가 성장하면 회사도 성장하고 말이죠.

Q. 최근 고민이 있다면요?

건강이에요. 저는 친절한 커피가 맛있다고 생각하는데, 친절은 체력에서 나오는 것 같아요. 얼마 되진 않았지만, 손가락 관절이 아프다든가 하는 작은 부상들이 있어요. 그래서 생활습관부터 관리하고 있죠. 일찍 잠을 자려 하고, 술과 담배는 안 하죠. 저는 60대에도 바리스타로 현장에서 일하고 싶거든요.

Q. 프린츠에서 일하기 전과 후가 어떻게 다른가요?

프린츠에 들어오기 전에 군대 선임이 하던 카페에서 아르바이트를 했어요. 그곳에서 일할 때는 바리스타라는 직업이 커피를 내리고 판매하는 사람이라고 생각했어요. 그런데 프린츠에서 일하면서 바리스타가 하는 일에 대해 더 깊게 생각하게 돼요. 단순히 커피를 내리고 판매하는 사람이 아니라,

여기를 찾아온 손님들을 만족시키는 사람이 되고 싶다는 생각들이죠. 그래서 예전에는 그냥 맛있는 아메리카노를 만들었다면, 지금은 손님이 만족할 만한 아메리카노를 만들고 싶어요. 또 빵을 썰 때도 손님이 드시기 편한 방법을 고민하게 되죠. 내가 하는 일이 무엇인가를 고민하면서 일을 하는 태도에 변화가 생긴거죠.

Q. 회사에 바라는 점이 있나요?

일하다 문득, 동료들을 보고 있으면 이 사람들과 오래 일하고 싶다는 생각을 해요. 그들의 일하는 모습이 10년, 20년 뒤엔 어떻게 변해 있을까 하는 상상도 하고요. 그래서 회사가 잘돼서 오래오래 남았으면 좋겠어요. 그 모습을 꼭 보고싶거든요.

Q. 이건 여담인데, 종석 님의 20대라는 나이에 비해 일에 대한 태도가 단단해서 놀랐어요.

주변에서 애늙은이 같다는 소리를 많이 해요. 제가 일찍 철이 들었죠. 어머님이 자영업을 하시는데, 가까이에서 힘들게 일하는 모습을 봐서 그런 것 같아요. 그래서 그런지 축구를 그만둘 때도 방황할 틈이 없었어요. 어서 빨리 자리 잡아서 어머니를 편하게 해드리고 싶다고 생각했죠. 지금은 돈을 많이 버는 건 아니지만 열심히 해서 경제적으로도 어머님을 돕고 싶어요. 쉽진 않겠지만 그런 날이 왔으면 좋겠네요.

[김경아 바리스타 / 프린츠 2015년 12월 입사]

▌Q. 커피는 어떻게 시작하게 되었나요?

고등학교를 졸업하고 대학 들어가기 전에, 카페에서 아르바이트를 하게 됐어요. 그런데 운이 좋게도 커피를 진지하게 다루는 사장님을 만나서 커피에 재미를 느끼게 되었고, 직업으로 선택하게 되었죠.

▌Q. 어떤 곳이었어요?

부산 서면에 있는 작은 로스팅 카페였어요. 로스팅이 뭔지도 모른 채 일하기 시작했는데, 처음에는 일을 잘해서 시급을 더 받고 싶은 마음뿐이었죠. 당시 시급이 2300원이었거든요. 손님 안내부터 주문, 서빙까지 다 해야 해서 메뉴 외우고, 테이블 외우고, 계산대 작동법 배우고, 청소하고 정신이 하나도 없었는데 그래도 일은 재미있었어요. 제 인생의 에스프레소를 만난 곳이거든요.

출근 첫날, 사장님이 에스프레소를 내려 주시고, 맛이 어떤지 물었어요. 저는 솔직히 쓰다고 말씀드렸어요. 그 후로 사장님은 일주일 동안 내내 에스프레소를 내려 주셨는데,

나흘이 지날 동안에도 쓴맛밖에는 모르겠더라고요. 그런데 다섯째 되는 날부터 덜 쓰기 시작하더니 일주일이 되던 날, 저도 모르게 "진짜 맛있어요. 한 잔 더 주시면 안 돼요?"라고 말하게 되더라고요.

그때부터 커피 맛에 푹 빠졌죠. 다른 일들은 빨리 마무리하고 커피만 내리고 싶더라고요. 제가 좋아하니까 사장님도 적극적으로 커피를 가르쳐주시고, 또 직원으로 함께 일하자고 권하기도 하셨어요. 그때는 학업 중이라 다시 학교로 돌아갔지만, 제가 그곳에서 아르바이트를 하지 않았다면, 바리스타가 되지 않았을 것 같아요.

Q. 프린츠와는 어떻게 인연을 맺게 되었나요?

프린츠는 많은 바리스타가 들어오고 싶어 하는 회사예요. 그래서 채용 공고가 뜨면 지원을 많이 하죠. 저도 하고 싶었는데 망설이고 있었어요. 내가 잘할 수 있을까라는 고민도 많았고요. 그러다 지인이 너 같은 책임감이면 프린츠와 잘 어울릴 것 같다고 도전해보라고 응원해서 마감 20분 남겨놓고 지원했고 프린츠에서 일하게 됐어요. 지금 생각해봐도 그때 용기 내어 지원한 것은 잘한 일 같아요.

Q. 고민이 많았다고 했는데, 적응은 잘했나요?

솔직히 처음엔 힘들었어요. 다른 커피 매장에서는 새로운 동료가 들어오면 매니저나 팀장이 하는 일을 정해줘요. 그런데 프릳츠는 직급이 나뉘어 있는 것도 아니고, 일을 강제적으로 시키는 곳도 아니거든요. 알아서 동료들이 일하는 모습을 보고 빠르게 일을 익혀 스스로 일을 찾아야 하죠. 지금은 이렇게 일하는 방식이 익숙해져서 좋은데, 당시에는 어떻게 일을 시작해야 할지 몰라서 어색하고 막막했어요. 그래서 지금도 신입 동료들이 들어오면 그들이 빨리 일을 찾을 수 있도록 챙겨주는 편이에요.

Q. 막막하고 어색한 마음을 극복한 노하우가 있다면요.
여기서 일하는 동료들은 함께 정한 기준에만 맞는다면 일하는 방식이 조금 달라도 인정해주는 문화가 있어요. 다르게 일해도 '그렇게 일하면 안 돼요!' 라는 말을 하는 사람들이 없죠. 서로의 목표가 같기 때문에 다름도 인정할 수 있는 것 같아요. 그래서 각기 다른 환경에서 일을 배워온 사람들도 빠르게 프릳츠만의 룰에 적응할 수 있는 것 같아요.

Q. 다른 동료들도 인터뷰에서 프릳츠의 동료애 이야기를 많이 했어요.
맞아요, 동료애. 같이 일하는 동료들을 생각하면 마음이 흐뭇해져요. 프릳츠는 손님이 많아서 바쁘게 돌아가는 매장이에요. 또 오픈 바에서 일하기 때문에 바리스타가 많은 손님들에게 노출되어 있죠. 이런 특징이 바리스타에겐 힘들 수도 있어요. 손님을 응대하는 일이 생각보다 어렵거든요. 똑같은 말을 반복해야 하기도 하고 때론 생각이 다른 손님들을 대해야 하고요. 그럴 때마다 동료들이 적당한 시간에 맞춰 교대하자고 먼저 이야기하기도 하고, 슬쩍 옆에 물을 놓아주기도 해요. 일하는 동안 틈틈이 내가 어떤지 살펴주는 거죠. 이런 동료들 덕에 일에 대한 동기부여도 많이 되고요. 그래서 몸이 안 좋은 동료를 보면 마음이 계속 쓰여요. 내가 조금 더 열심히 움직여서 쉬게 해주면 좋겠다는 생각이 들고 아껴주고 싶죠. 또 반성하게 되고요.

Q. 어떤 반성인가요?

집에 돌아가서 '오늘 하루 내가 어땠지'를 생각해요. 그러면 반성되는 부분이 있어요. 손님에게 불친절하진 않았나, 동료들에게 무심하진 않았나. 나만의 반성 시간을 갖고 나면 프릳츠에서 오래 일하고 싶어지고 애정도 더 깊어지죠.

Q. 매일 일을 돌아보고 반성하다니, 이쯤에서 이 질문 안 물어볼 수가 없네요. 경아 님에게 프릳츠는 어떤 곳인가요?

사람과 사람이 만나는 곳이에요. 동료와 동료가 만나고 바리스타, 제빵사와 손님이 만나고, 손님과 손님이 만나는 곳이죠. 저는 이 공간에 오신 분들이 분위기 하나만으로도 충분히 행복하다고 느꼈으면 좋겠어요. 그게 공간이 사람에게 주는 힘이라고 생각해요.

또 개인적으론 직업에 대해 자부심을 주는 곳이라고 생각해요. 제가 서른이 넘었거든요. 여자 바리스타가 서른을 넘기면 받아주는 곳이 별로 없어요. 그런데 프릳츠는 달라요. 나이보다는 일에 대한 태도와 공동체에 대한 철학을 더 중요하게 보죠.

그래서 여기엔 30대 중반도 많아요. 다른 회사에서는 찾아보기 힘든 언니, 오빠들이죠. 심지어 대표님들과 나이 차이가 별로 없는 동료들도 더러 있어요(웃음).

대표님들은 가족을 이룬 바리스타와 제빵사의 삶에 대해서 고민도 많이 해요. '우리가 가족을 이뤄 살면서도 행복하게 일할 수 있을까' 같은 고민이에요. 사회적 현실을 생각하면 약간 슬프기도 하죠. 그래도 프릳츠를 다니면서 그런 생각이 들었어요. 여기가 나의 마지막 회사라면 최선을 다해도 후회가 없겠다고요.

Q. 프릳츠에서 일하기 전과 후가 어떻게 다른가요?
프릳츠에 오기 전, 여러 곳에서 바리스타로 일했어요. 오랫동안 일했지만 경력은 아니었던 것 같아요. 그냥 바리스타를 경험한 거죠. 프릳츠에서 일한 기간은 자신 있게 경력이라고 말할 수 있을 것 같아요.

Q. 무슨 차이죠?

일을 바라보는 주도성인 것 같아요. 프린츠에서는 바리스타가 무대에 올라간다고 말해요. 그래서 맛있는 커피를 내리는 것만큼 깔끔한 태도와 매너, 단정한 모습을 갖춰야 한다고 말하죠. 전에는 들어보지 못한 이야기였어요. 매장을 정리하고 손님을 맞이하고 커피를 내리고, 손님을 다시 찾게 하는 전 과정이 바리스타의 일이라고 생각하니 그동안은 경험만 한 것 같았어요.

Q. 프린츠에서의 하루가 궁금하네요. 바리스타의 일과는 어떻게 되나요?

출근 시간이 세가지 타임으로 나눠져 있어요. 저희가 매장을 일찍 여는 편이라 첫 타임은 오전 7시에 출근하고 4시에 퇴근해요. 두 번째 타임은 오후 12시 출근, 저녁 9시 퇴근이고요. 마지막은 오후 2시 출근, 저녁 11시 퇴근이죠. 시간은 매장마다 조금씩 달라요.

Q. 오늘 경아 님 출근 시간을 기점으로 조금 자세히 설명해주세요.

저는 오늘 12시에 출근을 했어요. 오자마자 지하 1층에 있는 제빵팀 동료들과 인사하고 오전에 출근해 오픈 준비로 바빴을 동료들을 생각해 화장실, 매장 등을 돌아다니며 매무새를 다시 잡아요. 그리고 곧 시작될 러시 타임을 받을 준비를 해요. 직장인이 점심을 먹고 커피를 마시는 12시에서 2시가 저희 매장의 러시 타임이거든요.

퀄리티 차트를 보며 커피를 체크하고 마지막으로 손님에게 나갈 커피를 최종 테스트해요. 그리고 추천드릴 커피를 고민하죠.

그다음 포지션으로 들어가요. 이 포지션은 일하면서 상황에 따라 바뀌어요. 계산대에서 손님을 응대하는 역할, 빵을 채우고 써는 역할, 샷이나 브루잉 커피(드립 커피)를 내리는 역할 등이 있죠.

프린츠 커피 바에서는 정해진 자기만의 업무가 없어요. 모두가 다 같이 움직이며 일의 흐름을 만들죠. 누군가 알아서 우유를 채워 놓으면 그 모습을 본 다른 친구가 얼음을 채워 놓고 샷을 추출하는 일이 많으면 다른 동료는 알아서 설거지를 해요.

Q. 팀워크가 정말 중요하네요. 아까 손님이 많은 매장이라고 했는데 어떤 손님들이 방문하는지도 궁금해요.

좋은 손님들이 많아요. 저보다 오래된 단골손님들도 많은데 이런 분들은 신입도 척척 알아보세요. 제가 처음 왔을 때도 "신입이세요?"라며 먼저 이름을 물어본 분들도 계셨어요. 물론 조금 까다로운 손님들도 있어요. 그런데 매장을 방문하는 손님의 수에 비하면 정말 적어요. 또 우연히 길을 가다 카페를 발견했는데 프릴츠 원두가 제공된다는 현판을 보고 맛은 틀림없겠네 싶어 망설임 없이 그 카페로 들어갔다는 손님들의 SNS 후기를 보면 정말 너무 고마워요. 프릴츠의 굿즈를 가지고 다니고, 인스타그램에 사진을 찍어서 올려주시는 분들을 보는 것도 즐거운 일이에요. 이런 손님들 덕분에 제가 회사를 자랑스럽게 다니는 것 같아요.

Q. 혹시 회사를 다니면서 드는 고민이 있나요?

최근 신입 동료들이 들어왔는데 그 동료들이 나보다 더 빠르게 프릴츠에 적응해 즐겁게 일할 수 있는 방법이 없을까 고민하고 있어요. 그런데 고민을 하다 보면, 고민의 끝엔 제가 나와요. 내가 더 나은 기술자가 되어야 동료들을 도울 수 있지 않을까라는 생각에 미치는 거죠. 결국 동료들 고민에서 개인의 성장을 돕는 힘이 나오는 것 같아요. 내 생각만 하면 번번이 힘을 내긴 어렵거든요.

Q. 신입 동료들 고민이라, 생각지도 못했어요. 프릴츠는 회사보다 공동체라는 말이 더 어울리는 것 같네요. 그래서 답은 찾았나요?

한동안 퍼블릭 커핑을 못했어요. 불특정 다수의 사람들에게 회사를 대표해서 이야기하는 것이 힘들더라고요. 어떻게든 극복해보려고 애를 썼는데 나중에는 계산대에서 손님을 보는 것도 어려웠어요. 그래서 병기 님에게 상의했더니 모든 것에는 연습과 훈련이 필요하다고 이야기하시더라고요. 평소 말씀을 잘하셔서 그런 고민이 없는 줄 알았는데 본인도 굉장히 힘들고 불안한 시간이 있었다며, 커뮤니케이션도 기술처럼 많은 연습과 훈련이 필요하다고요. 결국 필요한 건 연습과 훈련이고 그동안 저는 신입 동료들을 지켜보며 지치지 않게 지원하는 것이 아닐까 싶어요.

Q. 프릳츠가 어떤 회사로 성장했으면 좋겠어요?

커피 업계에서 세계적으로 유명해지면 좋겠지만, 지금은 프릳츠가 커피를 즐길 수 있는 곳이 되었으면 좋겠어요. 유행 같은 핫플레이스가 아닌 커피의 취향을 찾고 싶은 분들이 즐기는 곳으로요. 많은 분들이 커피를 즐기는 데 비해 개인의 커피 취향을 잘 모르세요. 프릳츠가 개인의 커피 취향을 발견하고 즐기는 곳으로 영향력을 주는 회사가 되었으면 좋겠어요.

Q. 그럼 바리스타로 경아 님의 미래는 어떻게 생각하세요?

저는 욕심이 많은 스타일은 아니라 개인 매장을 내고 싶은 생각은 없어요. 그냥 좋은 동료들과 프릳츠에서 오래 일하고 싶고, 나중에 가족들에게 제가 내린 정성 어린 커피로 아침을 시작하게 하고 싶어요.

Q. 바리스타로 일한 지 얼마나 됐나요?

바리스타로 일한 지는 어느새 10년이 됐네요. 서비스업에 종사한 지는 더 오래됐지만요. 그전에는 직접 서비스업을 한 건 아니지만 외식업계에서 일을 했어요.

Q. 그럼 프린츠에는 언제 들어왔나요?

5년 반 정도 됐어요. 어쩌다 보니 제가 프린츠의 첫 번째 직원이었어요(웃음). 프린츠 공동 창업자 중에 송성만 이사님과 같이 일한 적이 있어요. 그때 절 좋게 봐주셨는지, 어느 날 제안을 주셨어요. '프린츠'라는 공간을 오픈하는데 함께 일해보고 싶다고요. 그전까지 저는 커머셜 커피에서만 일했어요. 카페라고 해도 커피가 아닌 다른 음료나 디저트에 중점을 두는 곳이 많고, 그런 경우 커피에 집중하기 어려운 게 사실이죠. 프린츠에 오면 스페셜티 커피를 제대로 배울 수 있겠다고 생각했어요. 다만 스페셜티 커피는 처음이라서, 차근차근 새롭게 배우자는 마음으로 왔어요. 그전 경력은 없다고 생각하고 왔죠.

Q. 새로 시작한다는 게 말이 쉽지, 경력자에게 쉬운 선택은 아닌 것 같아요.

스페셜티 커피를 처음 접하는 저로서는 그래야 습득이 빠르고 받아들이는 것도 편할 것 같았어요. 다만 커피를 해오던 사람이니 어느 정도의 익숙함은 있었어요. 어떻게 로스팅하고 어떻게 추출하는지 알고 있지만, 자세한 부분까지 배우기 위해 공부하는 것이었으니까요. 그래서 처음 시작하는 사람에 비하면 더 빠르게 습득했던 것 같아요. 이때가 제 인생의 터닝 포인트였다고 생각해요. 그전까지는 주문을 받고 음료를 만들고 제공하는 일에 그쳤다면, 이후에는 커피를 집중적으로 파고들며 바리스타로서 한발 더 내딛는 계기가 됐으니까요.

Q. 어쨌든 함께 일해보자는 제안을 받아들인 건, 은진 님도 프릳츠가 마음에 들었던 걸 텐데요. 어떤 점이 마음에 들었나요?

제가 첫 번째 직원이었잖아요. 그때는 프릳츠가 어떤 회사인지 뚜렷하지 않았고, 저는 아무것도 모르는 상태였어요. 프릳츠가 사람들한테 이렇게 사랑받게 될지, 이렇게 큰 브랜드가 될지도 몰랐죠. 그저 저는 제 일에 회의를 느끼고 있었고, 마침 커피를 잘하는 분들이 모여 매장을 오픈하면서 제게 달콤한 제안을 준 거예요. 그곳에 가면 커피에 더 집중할 기회가 생길 거란 생각만으로 프린츠에 왔어요. 와서 보니 직원이 저 혼자라, 사실 저도 놀랐어요(웃음).

Q. 공동 창업자들은 커피와 빵으로 이미 유명한 분들이었잖아요. 그런 분들 사이에서 혼자 일하려면, 편하지만은 않았을 것 같은데요.

그래서 온전히 일에 집중한 거 같아요. 혹여 폐 끼칠까 봐, 주어진 일에 최선을 다하려고 노력했어요. 특히 그때는 대표님들을 보려고 매장을 찾는 손님도 많았거든요.

Q. 은진 님이 중요하게 생각하는 일의 방식은 어떤 건가요?

프린츠에서도 내부 구성원 인터뷰를 해요. '잘되어가시나' 인터뷰라고 해서 SNS에 올리죠. 그 인터뷰에서도 했던 이야기이고, 사내 워크숍 토론 때도 했던 말이지만 저는 기본에 충실하려고 해요. 사실 너무 당연하면서도 포괄적인 단어이죠. 그런데 당연하다고 생각해서 무심코 넘기는 일이 많아요. 기본을 놓친다면 어떤 좋은 것도 덧입힐 수 없다고 생각해요. 프린츠의 사람들은 기술자인 동시에 직업인이고, 함께 일하는 동료예요. 그리고 매일 많은 사람을 만나죠. 그 안에서 정해진 시간을 지키는 것, 반갑게 인사를 나누는 것, 그리고 최소한의 친절과 깨끗한 공간을 유지하는 것이 기본에 속한다고 생각해요. 저는 기본이 단단해야 다음 단계의 일을 해낼 수 있다고 믿어요. 그래서 새로 들어오는 친구들에게도 큰일보다는 기본을 중요시하자고 말하는 편이에요.

Q. 혹시 팀장을 맡고 있나요?
네, 현재 팀장을 맡고 있어요. 팀장은 임기가 1년이에요. 주로 팀원이 내는 안건을 대표로 이사진에게 올리거나, 반대로 이사진의 말을 팀원에게 전달하는 중간 역할을 해요. 직급이 없는 프린츠는 이사진과 구성원이라는 두 개 집단으로만 나뉘어 있거든요. 팀장은 이사진과 구성원의 연결고리 역할을 하는 사람이죠.

Q. 중간 역할이라고는 하지만, 의외로 리더십이 필요할 거 같은데요.
제가 리더십이 부족한 편이에요. 내성적이고, 남이 듣기 싫은 말을 잘 내뱉지 못하는 성격이죠. 이런 성격을 조금 바꿔보고 싶어서 팀장에 지원했어요. 제가 생각하는 것만큼의 발전은 아니지만, 조금씩 바뀌는 것 같아요. 평소라면 구성원의 이야기를 들어주는 것에서 그칠 텐데, 제가 해결해줄 수 있는 일은 해결해주고 싶다는 생각이 들더라고요. 아무래도 팀장이란 직책의 무게감이 있는 것 같아요. 대표님들은 무게감을 느낄 필요는 없다고 말씀하지만, 어쩔 수 없는 것 같아요. 무게감을 느끼지 않는다면, 팀장이란 직책의 의

미도 퇴색되는 게 아닐까요. 무게감이 있어야 제가 더 주인의식을 갖고 역할과 일에 집중할 테니까요.

Q. 팀장은 처음인가요?

그건 아니에요. 3년 전에 팀장을 맡았는데, 그때는 지금보다 구성원이 많지 않았어요. 그래서 그때와 지금이 또 다른 거 같아요. 그때는 대표님들이 모두 바 안에서 일할 때였고, 팀마다 대표님이 한 명씩 포함돼 있었어요. 지금은 대표님들이 바에서 물러난 상태고, 구성원들로만 팀을 이루고 있고요. 대표님이 팀에 속해 있으니까, 제가 어떤 이야기를 전달할 상황이 되면 대표님이 중간 역할을 해주기도 했어요. 의사소통 중에 부딪히는 부분이 생겨 해결해주신 적도 있고요. 그땐 그때대로 의지가 돼서 좋았죠. 지금은 구성원이 많아져서 절차가 오래 걸리는 편이에요. 팀 안에서 바로 해결할 수 있는 문제라 해도 절차를 밟다 보면 시간이 더 걸리게 되죠. 아무래도 많은 사람이 근무하고 있으니까요. 저 역시 이렇게 바리스타가 많은 곳에서 일하는 게 처음이에요. 예전에 일했던 곳은 사람이 많아 봐야 6~7명인데, 현재 도화점에만 16~17명이 근무하고 있거든요.

Q. 은진 님이 보기에 바리스타는 어떤 직업인가요?

바 안에서 커피를 만드는 사람이죠. 그리고 손님과 소통하는 사람이라고 생각해요. 프릳츠에 와서 느낀 바가 많아요. 프릳츠 매장은 오픈 바로 구성돼 있어요. 바를 중심으로 바리스타가 일하고 손님들과 만날 수 있죠.

사실 저는 낯가림이 심해서 잘 모르는 사람과 쉽게 이야기하는 편은 아니에요. 그런데 신기하게 오픈 바에서는 손님에게 말을 건네고 눈인사하는 게 가능해요. 덕분에 제가 하는 일에 대해 다시 한번 생각하게 됐죠. 바에서 일하는 동안 저의 또 다른 모습을 발견한 기분이었어요. 마치 다른 자아가 생기는 것처럼요. 물론 다른 곳에서의 제 낯가리는 성격은 여전하지만요(웃음). 바에서 일하는 저는 단골손님에게 "오랜만인데 그동안 잘 지내셨어요"라고 묻기도 하고 날씨를 주제로 말을 걸기도 해요. "추운데 감기 조심하세요"라거나 여름에는 "오시는데 덥지는 않으셨어요?"라고 자연스럽게 물어보죠.

Q. 친해진 손님도 있겠어요.

신기한 건, 제가 조용히 일하는데도 저를 좋게 봐주시는 단골손님이 있으세요. 조용하고 묵묵히 일하는 제게 먼저 말을 걸어주시는 분들이에요. "은진 씨 일하는 모습이 좋다"거나 "은진 씨 보러 온다"는 손님도 있으시고요. 그럴 때마다 뿌듯하죠. 또 단골손님 중에 말없이 조용하게 커피만 드시고 가는 분도 있어요. 제가 가끔 인사를 드리면 웃어주시는데, 어느 날 제게 선물을 건네주시는 거예요. 정말 감사하죠. 그런 손님들을 볼 때마다 제가 하는 일을 다시 생각하게 돼요. 대화도 중요하지만, 묵묵히 열심히 일하는 태도로도 소통이 된다고 느껴요. 그러니까 손님도 먼저 다가와 주시는 것이겠죠.

Q. 좋은 손님도 있지만, 힘든 일도 있을 텐데요.

사람과 계속 부딪히며 일해야 하니까요. 무던히 견디려고 해요. 그래서 크고 작은 일에 크게 동요하지 않도록 노력해요. 일에 방해되지 않게 감정을 컨트롤하는 거죠. 제가 느낀 나쁜 감정을 바로 표출하면 같이 일하는 동료가 힘들어지니까요. 상대가 좋지 않은 기분을 표출하면 저도 불편하듯, 혹시 저로 인해 불편한 상황이 생기지 않도록 노력하는 편이에요.

Q. 은진 님도 그렇고, 다른 분들도 동료에 대한 이야기를 많이 하는 것 같아요. 프릳츠에서 동료는 어떤 의미인가요?

제 생각에 동료는 함께 나아가야 할 사람이에요. 같은 공간에서 가장 오래, 어쩌면 가족보다 많은 시간을 함께하는 사람들이니까요.

긴 시간을 동료로서 같이 근무하려면, 동시에 회사 구성원으로서 회사가 발전하는 데 기여하려면, 저 혼자만 잘해서는 안 되고 동료와 함께 합을 맞춰야 하는 상황이 많아요. 또 사람이 많은 곳에는 분명 크고 작은 일이 분명 생기게 마련이고, 그 일들을 동료와 함께 극복하며 성장하는 거잖아요. 말하지 않아도 서로 부족한 부분을 채워줘야 할 때도 있고, 의견이 안 맞으면 그 의견을 맞춰가는 과정이 꼭 필요하죠. 그 맞춰가는 과정을 통해서 서로 성장하게 되고요.

그래서 저는 상대에게 '같이 일하고 싶은 동료'이고 싶어요. 믿음이 가고 의지가 되는 동료가 되고 싶은 거죠. 저 역시 그런 동료와 일하고 싶고요. 사실 제가 어떤 사람과 같이 일하고 싶다고 해서, 실제로 함께할 수 있는 건 아니잖아요. 상대도 나와 같은 마음을 가져야 하니까요. 결국, 서로 '같이 일하고 싶은 동료'가 될 수 있도록 노력해야 하죠.

Q. 고민은 없나요? 일하다 보면, 연차에 따른 고민이 계속 생기잖아요.

요즘 건강에 대한 생각이 많아졌어요. 올해 들어 팔이 아프기 시작했거든요. 기술자로서 더 오래 일하려면 건강을 관리해야겠다는 생각이 들더라고요. 저는 일할 때 활동적으로 움직이고 바쁘게 일하며 동료와 부딪히는 현장감을 좋아해요. 그런데 최근 건강이 안 좋아지자 '언제까지 바 안에서 일할 수 있을까'란 생각이 들기 시작했어요. 좋아하는 일을 건강상의 이유로 하지 못하게 된다면 너무 슬플 것 같아요.

조금 더 오래 프릳츠 구성원으로서 함께 하고자 치료에 집중하려고 노력하고 있어요. 또 일을 위해 쉬는 날은 온전히 휴식을 취하는 편이고요. 그리고 앞으로 건강하게 더 오래 동료와 일하기 위해 내가 무엇을 해야 할지, 많이 생각하고 있어요.

Q. 프릳츠는 사내 제도로 구성원의 건강을 위한 체력단련비를 지원한다고 알고 있어요.

저는 집에서 실내 자전거나 스트레칭을 하는 편이에요. 또 사내 싱크 프로그램 중에서 '같은 주제로 모이기'라는 활동이 있어요. 그중에서 '아웃도어 커피' 모임에 종종 참여하고 있어요. 구성원들과 함께 등산하고 커피를 내려 마시는 활동이에요. 사실 스케줄 때문에 자주 참여하진 못하는데, 아침 일찍 산을 오르며 동료들과 함께 진솔한 이야기를 주고받을 수 있어서 이 시간을 좋아해요. 퇴근 후 술 한잔 나누는 시간도 좋겠지만, 아침 일찍 맑은 공기 마시며 이야기를 나누고 커피 한잔 하는 것도 정말 기분이 좋거든요. 다른 지점의 동료를 만나 이야기할 수도 있고요.

Q. 은진 님이 생각하는 프릳츠는 어떤 곳인가요?

어느덧 바리스타로 일한 지 10년이 넘었어요. 그중 절반을 프릳츠에서 보냈죠. 프릳츠에서 스페셜티 커피를 처음 접했는데, 여전히 어려워요. 생두의 재배부터 가공, 로스팅과 추출, 그리고 우리가 사용하는 기계의 구조와 원리까지 모든 과정에 관한 이해가 필요하니까요. 커피는 알수록 어려워요. 그래서 재미있기도 해요. 동료와 함께 이야기를 주고받고 서로 피드백을 주는 과정에서 즐거움을 느끼기도 하고요. 프릳츠 구성원으로 함께할 수 있어서 감사해요. 오래도록 함께할 수 있으면 좋겠어요.

손님 입장에서 프릳츠는 지친 마음을 위로받고 편히 쉬다 가는 곳이면 좋겠어요. 바리스타 일을 하는 동료와 이야기하다 보면, 카페에서 커피 한 잔을 통해 혹은 카페에서 일하는 사람을 통해 위로를 받았다는 이야기를 많이 해요. 그런 경험을 통해 자기 자신도 바리스타가 되기로 결심했다는 거죠. 의외로 이런 분들이 많아요. 저는 프릳츠가 사람들에게 그런 공간이 되면 좋겠어요. 저희 구성원으로부터 좋은 기분을 느끼고 커피 한 잔에 위안을 받는 곳이요.

Q. 구성원으로서든, 개인으로서든 앞으로 목표가 있다면요?

원래 제 카페를 차리는 것이 인생 목표였어요. 하지만 지금은 그 목표를 앞에 두고 나아가진 않고 있어요. 현재는 프릳츠 구성원으로서, 회사가 더 많은 사람에게 알려지고 사랑받는 곳이 될 수 있도록 노력하는 일에 집중하고 있어요. 그래서 제게 주어진 일에 최선을 다해 일하고 싶어요. 개인적 목표는 사랑하는 사람과 행복한 가정을 꾸리는 것이에요.
사소하지만 행복한 일상을 서로 공유하며 평범하게, 그리고
건강하게 살고 싶어요.

프린츠에서 일합니다
커피와 빵을 만드는 기술자로 한국에서 살아남기

초판 1쇄 2019년 12월 20일
　　　5쇄 2023년 2월 28일

지은이 | 김병기 · 이세라

발행인 | 박장희
부문 대표 | 정철근
제작 총괄 | 이정아
편집장 | 조한별
책임 편집 | 최민경

디자인 | Design co*kkiri

발행처 | 중앙일보에스(주)
주소 | (03909) 서울시 마포구 상암산로 48-6
등록 | 2008년 1월 25일 제2014-000178호
문의 | jbooks@joongang.co.kr
홈페이지 | jbooks.joins.com
네이버 포스트 | post.naver.com/joongangbooks
인스타그램 | @j__books

ⓒ폴인, 2019
ISBN 978-89-278-1079-7　03320

• 이 책은 저작권법에 따라 보호받는 저작물이므로 무단 전재와 무단 복제를 금하며
　책 내용의 전부 또는 일부를 이용하려면 반드시 저작권자와 중앙일보에스(주)의
　서면 동의를 받아야 합니다.
• 책값은 뒤표지에 있습니다.
• 잘못된 책은 구입처에서 바꿔 드립니다.
• 이 도서의 국립중앙도서관 출판예정도서목록(CIP)은 서지정보유통지원시스템
　홈페이지(http://seoji.nl.go.kr)와 국가자료종합목록 구축시스템(http://kolis-net.nl.go.kr)에서
　이용하실 수 있습니다.(CIP제어번호 : CIP2019049961)

'폴인이 만든 책'은 중앙일보에스(주)가 지식 콘텐츠 플랫폼 폴인과 함께 만든
경제경영서 브랜드입니다.